Como Ter Sucesso em Provas de Inglês

Ben Parry Davies

Como Ter Sucesso em Provas de Inglês

ELSEVIER

CAMPUS

Copidesque: Carolina Godoi da Costa

Editoração Eletrônica: Estúdio Castellani

Revisão Gráfica: Carolina Godoi da Costa

Projeto Gráfico
Elsevier Editora Ltda.
A Qualidade da Informação.
Rua Sete de Setembro, 111 – 16º andar
20050-006 Rio de Janeiro RJ Brasil
Telefone: (21) 3970-9300 FAX: (21) 2507-1991
E-mail: *info@elsevier.com.br*
Escritório São Paulo:
Rua Quintana, 753/8º andar
04569-011 Brooklin São Paulo SP
Tel.: (11) 5105-8555

ISBN 978-85-352-2365-1

Nota: Muito zelo e técnica foram empregados na edição desta obra. No entanto, podem ocorrer erros de digitação, impressão ou dúvida conceitual. Em qualquer das hipóteses, solicitamos a comunicação à nossa Central de Atendimento, para que possamos esclarecer ou encaminhar a questão.

Nem a editora nem o autor assumem qualquer responsabilidade por eventuais danos ou perdas a pessoas ou bens, originados do uso desta publicação.

Central de atendimento
Tel.: 0800-265340
Rua Sete de Setembro, 111, 16º andar – Centro – Rio de Janeiro
e-mail: info@elsevier.com.br
site: www.campus.com.br

Dados Internacionais de Catalogação na Publicação (CIP)
(Câmara Brasileira do Livro, SP, Brasil)

Davies, Ben Parry
Como ter sucesso em provas de inglês / Ben Parry Davies.
– Rio de Janeiro : Elsevier, 2007.

ISBN 978-85-352-2365-1

1. Inglês – Estudo e ensino 2. Inglês – Provas e exames
3. Sucesso I. Título.

07-4162. CDD-420.76

Índices para catálogo sistemático:
1. Inglês : Provas e exames : Lingüística 420.76

This book is dedicated to
my brothers, Chris and Dom,
with love.

Agradecimentos

Gostaria de agradecer às organizações de exames internacionais, Cambridge ESOL e English Testing System, por permitirem a reprodução de questões de provas. Agradeço também a Caroline Rothmuller, à equipe da Editora Campus/Elsevier e ao ilustrador Rodrigo Guedes, por todo o trabalho neste projeto.

Sou especialmente grato à minha esposa, Vanessa, por suas revisões e infinita paciênica com as emoções do processo criativo.

Thank you all!

Sumário

Introdução

A importância de aprender inglês por motivos acadêmicos, profissionais e pessoais já não é novidade. Mas apenas fazer um curso de inglês não é suficiente, é preciso *comprovar* o aprendizado ou ter algum reconhecimento palpável do nível de inglês alcançado. A maioria dos cursos de idiomas inclui provas regulares ou oferece a opção de realizar exames internacionais de inglês, que são uma ótima maneira de avaliar o conhecimento da língua e de melhorar o *curriculum vitae*.

A avaliação de um aluno por meio de provas é parte do processo de estudo dos idiomas e possibilita:

- Estabelecer o nível correto do inglês e identificar áreas que precisam ser aperfeiçoadas.
- Incentivar e orientar a realização de um objetivo específico e estruturar o curso.
- Conferir progresso ao aprendizado no decorrer do curso, proporcionando ao aluno mais confiança para utilizar e estudar inglês.
- Oferecer satisfação pessoal; no caso de alunos mais jovens, pode ser uma forma de os pais avaliarem o aproveitamento dos filhos no curso.

Exames ministrados por organizações no exterior oferecem uma qualificação oficial de padrão internacional, a maioria deles é reconhecida mundialmente por instituições de diversos tipos:

- *Acadêmicas*: universidades e colégios no exterior – para quem pretende fazer especializações, como graduação, pós-graduação ou mestrado.
- *Comerciais*: empresas nacionais e internacionais.
- *Profissionais*: registro de qualificações para trabalhar no exterior.
- *Governamentais*: órgãos públicos das áreas de saúde, educação, direito etc.

Este comentário de uma agência de empregos em São Paulo reforça a idéia da importância de se aprender a falar inglês: "No mercado de hoje, sem dúvida quem possui proficiência na língua inglesa pode melhorar significativamente suas chances de conseguir um emprego bem remunerado, especialmente quem possui alguma qualificação internacionalmente reconhecida."

As dificuldades mais comuns em provas e exames

Sabemos que fazer provas e exames de inglês e ser bem-sucedido é importante para o futuro. No entanto, muitos alunos têm grande dificuldade quando estão fazendo provas ou exames, isto geralmente por um ou mais dos motivos a seguir:

- *Falta de conhecimento detalhado da prova*: Este problema pode ser causado tanto pelo aluno quanto pela professora. Cada prova tem conteúdo e formato diferentes, portanto, é essencial que o aluno conheça informações detalhadas sobre as questões e os tópicos mais comuns: o tempo disponível para cada questão, as instruções e a pontuação.
- *Falta de preparação consistente e estruturada*: O motivo mais comum para não se passar em qualquer prova e/ou não se completar um programa de

estudos de longo prazo. A tendência é deixar tudo para o último momento, e depois sobrecarregar a mente com informações relevantes. Mas o que realmente proporciona melhores resultados é estudar de forma planejada em longo prazo, seguindo o ditado "devagar e sempre".

- *Preparação de coisas erradas*: O aluno pode investir tempo estudando inglês, mas, se não pensar em objetivos específicos, pode perder tempo em tópicos que não são prioridade na prova. Ele deve fazer uma autoavaliação para identificar em quais áreas da prova tem mais dificuldade e para as quais precisa melhor se preparar.
- *Falta de estratégias efetivas na prova*: Caso o aluno não conheça as condições que terá de enfrentar no exame a ser realizado, corre o risco de não saber lidar com a pressão geralmente causada pelos exames internacionais. O tempo para completar as questões é limitado, por isso deve-se praticar e simular as condições do teste antes de realizá-lo, para evitar que se perca pontos por não conseguir fazer todas as questões. O fator tempo também é um dos motivos mais comuns para o aluno ficar nervoso, pois elimina a chance de ser bem-sucedido.
- *Efeito negativo de provas e exames em geral*: Fazer uma prova já é motivo suficiente para entrar em pânico. Geralmente isto acontece devido à combinação de todos os fatores explicados anteriormente. Se o aluno não tiver uma meta específica, além da simples obrigatoriedade de fazer a prova, ou se a prova incluir principalmente respostas discursivas (como em muitas provas do vestibular), provavelmente não haverá muita motivação para ele se preparar para a prova ou estimular a prática e o interesse em outras áreas do idioma.

Além disso, é difícil fazer um exame internacional e enfrentar a dificuldade de escolher entre as diversas qualificações britânicas e americanas, sem realmente saber o conteúdo das provas ou ter um conhecimento relativo de cada conteúdo. No Capítulo 5 você encontrará um resumo dos exames mais reconhecidos internacionalmente, com avaliação das vantagens e do público-alvo de cada um.

Veremos agora como este livro vai ajudar você a se preparar da forma mais eficiente possível para aumentar suas chances de sucesso em qualquer prova de inglês.

Como este livro vai ajudar você a obter sucesso em provas de inglês

O objetivo deste livro é dar a você a confiança necessária para enfrentar qualquer prova de inglês, motivá-lo a estudar de forma eficaz e ensinar-lhe a aproveitar melhor o tempo disponível, a fim de que se prepare melhor para uma prova.

Por meio de diversas estratégias, dicas, explicações, exemplos e exercícios é possível analisar e praticar, passo a passo, as áreas de conhecimento e as habilidades necessárias para aumentar suas chances de sucesso na prova.

O Capítulo 1 trata das ***estratégias gerais de estudo***, que podem ser empregadas na preparação para qualquer prova (de inglês), independentemente de seu nível de conhecimento da língua, tipo de curso ou tipo de questão que você vai fazer. Você aprenderá a fazer uma auto-avaliação detalhada, planejar, organizar e cumprir um bom plano de estudo e aproveitar de uma variedade de recursos e técnicas de memorização para melhorar o seu desempenho na prova.

O Capítulo 2 oferece diversas estratégias para serem empregadas no estudo das ***áreas principais da língua inglesa***, ou seja, explica como tornar mais produtivo seu estudo de vocabulário, gramática, leitura, compreensão, conversação e escrita. Além disso, há listas de estruturas, vocabulário e erros comuns, baseados nos exames internacionais mais populares e nas provas do vestibular.

No Capítulo 3 o foco fica mais específico: além de um resumo dos ***tipos de questões ou tarefas*** que aparecem em provas e exames internacionais, o leitor encontrará estratégias e dicas para melhorar seu desempenho, todo esse conteúdo é dividido conforme as seis áreas principais. Para cada tipo de questão, há uma referência para os exames internacionais, e em qual parte da prova é possível encontrar a questão, além de listas de estruturas e vocabulário usados em respostas comuns.

O Capítulo 4 apresenta estratégias que podem ser empregadas ***antes e durante a prova***. Técnicas e dicas como enfrentar as questões na hora "h", como aproveitar mais o tempo disponível e como reduzir o estresse que pode prejudicar seu desempenho na prova.

O Capítulo 5 responderá às perguntas mais comuns sobre ***exames internacionais*** e ajudará você a escolher o exame certo para seu futuro. Primeiro, há um resumo dos exames mais populares – quantas partes, para quem é direcionado, o reconhecimento internacional, quem ministra. A seguir, são oferecidos mais detalhes sobre os exames principais – todas as questões e as tarefas, o tempo disponível para cada uma delas e a escala de pontuação. Para quem quiser fazer qualquer um dos exames, há uma lista de contatos e sites com informações sobre os exames e exercícios de prática.

Capítulo 1

Aprendendo a aprender

Como se preparar para estudar

Na preparação para qualquer prova de inglês, o primeiro passo é refletir com calma sobre suas estratégias de aprendizado e como você pode ser mais eficiente em seus estudos. Para maximizar as suas chances de sucesso é preciso entender melhor como funciona o processo de estudo e desenvolver técnicas apropriadas tanto para seu estilo de aprendizado quanto para a prova que vai fazer. Portanto, neste capítulo vamos responder três perguntas fundamentais: *O que* você precisa estudar mais? *Quando* você pode estudar mais? *Como* você pode memorizar/absorver mais?

Auto-avaliação

Se você está fazendo um curso de inglês, não espere que a professora faça todo o trabalho nem pense que, por ter pago a mensalidade, vai aprender a matéria sem esforço mental. Nunca esqueça de que é *você quem manda* e que *se conhece melhor do que ninguém*. Existem muitas maneiras de estudar, e você precisa procurar a forma mais eficiente de acordo com sua personalidade e realidade. Portanto, antes de começar seu plano de estudo, faça uma auto-avaliação detalhada, para depois selecionar as áreas de estudo de acordo com os seus objetivos específicos. Deve-se considerar:

Que tipo de aluno você é?

Todos são diferentes: personalidade, estilo de aprendizado, preferências, desejos, medos e manias. Tudo isso influencia bastante a sua preparação para uma prova. Para saber mais sobre que tipo de estudante você é, preencha o quadro a seguir:*

	(Quase) sempre	Às vezes	(Quase) nunca
Bons resultados em provas de gramática			
Boa memória para palavras novas			
Não gosta de errar			
Fica irritado se os erros não são corrigidos			
Pronúncia é melhor quando lê em voz alta			
Gostaria de mais tempo para pensar antes de falar			
Gosta de estar na sala de aula			
Procura palavras desconhecidas no dicionário			
Gosta de memorizar regras e linguagem nova			
Caderno organizado e anotações bem legíveis			

Para saber o seu resultado calcule 3 pontos para cada "(quase) sempre", 2 pontos para "às vezes" e 1 ponto para "(quase) nunca", e some todos. Agora, leia os comentários e sugestões apropriados:

0-8 Indeciso?

Você não é um estudante ruim. Talvez seja a primeira vez que esteja enfrentando essa questão, e entender melhor seu jeito de estudar só ajuda a tornar os seus estudos mais efetivos no futuro.

---

* Baseado no questionário do livro *Learning to Learn*, da Cambridge University Press.

Sugestões: Fique mais consciente do seu estilo de aprendizado durante seus estudos. Leia com calma as partes "relaxado?" e "analítico?" (a seguir) para ver onde você se encaixa, e também aproveite as dicas e os exercícios neste capítulo para que consiga desenvolver suas estratégias de preparação para provas de inglês.

9-13 Relaxado?

Parece que você absorve informações sem muito esforço e que geralmente gosta de se comunicar com pessoas. Talvez pense que deveria estudar mais regras de gramática, mas, provavelmente, por não gostar, não demora muito tempo para perder o interesse no assunto. Certamente pode melhorar seu desempenho na preparação para uma prova de inglês.

Sugestões: Procure dedicar mais tempo para estudar e faça um bom plano de estudo para se organizar melhor, de acordo com as dicas na página 10. O importante é cumprir um horário regular, mesmo que seja um período de curta duração, dedicado à prática em áreas específicas, como gramática, vocabulário, pronúncia etc. Seja mais crítico em relação a você, procure fazer mais autocorreção ou, no mínimo, ficar mais consciente de que tipos de erros comete com freqüência.

14-22 Mistura?

É possível que você não se encaixe completamente em nenhuma das categorias "relaxado?" ou "analítico?". Muitas pessoas apresentam a mistura dos 2 e aprendem de formas diferentes em momentos distintos dependendo da situação e do que estão fazendo.

Sugestões: Neste caso é necessário selecionar as partes das duas categorias de acordo com o foco de seus estudos: apropriando-se com cuidado do conteúdo ou aprendendo de forma mais livre e absorvendo linguagens novas sem um objetivo específico.

23-30 Analítico?

De repente você percebe a importância de tudo estar o mais correto possível e durante todo o tempo. Provavelmente você prefere o tipo de aprendizado que o faça pensar de forma precisa, como: fazer exercícios de gramática, deduzir o significado das palavras ou praticar a pronúncia.

Sugestões: Desenvolva mais fluência e mais independência, por meio de atividades ligadas à conversação e à leitura livre, sem nenhuma tarefa ou objetivo específico. Procure pessoas e lugares para falar mais em inglês e tente não se preocupar tanto com seus erros. Não esqueça de que se corrigir o tempo todo pode atrapalhar a comunicação, e cometer erros faz parte do processo de aprendizado. Lembre-se de que as pesssoas com quem está conversando estão prestando atenção na sua mensagem, e não o estão julgando por causa dos seus erros. Além disso, acostume-se a contar mais com as suas próprias habilidades, pois no dia-a-dia você não poderá usar o dicionário em todos os momentos, nem terá professores para ajudá-lo, então tenha confiança e descubra que sabe mais do que imagina.

Certamente, uma análise do seu estilo de aprendizado não é tão simples, mas o objetivo desse tipo de questionário é exatamente fazê-lo refletir mais sobre *como* você aprende, antes de se preocupar com *o que* vai aprender.

Quais habilidades você precisa desenvolver?

A próxima etapa é pensar nas áreas específicas do idioma que você precisa priorizar na sua preparação para a prova. De acordo com as seis áreas trabalhadas neste livro, é possível fazer outra avaliação para saber mais sobre *o que você* precisa melhorar para maximizar as suas chances de sucesso.

Considerando seus estudos até o momento, avalie as seis áreas a seguir em um escala de 1 a 5:

1 = Estou muito fraco nesta área, bem longe dos meus objetivos.
2 = Ainda falta muito, preciso melhorar bastante.
3 = Nível razoável, ainda posso melhorar.
4 = Falta pouco para chegar ao nível de que preciso.
5 = Já estou no nível de que preciso, o meu objetivo está realizado.

Vocabulário	Gramática	Leitura	Audição	Fala	Escrita
1	1	1	1	1	1
2	2	2	2	2	2
3	3	3	3	3	3
4	4	4	4	4	4
5	5	5	5	5	5

Com base nos resultados, determine ao que você precisa se dedicar mais, com tempo relativo dedicado à cada área. Por exemplo, se obteve uma seqüência de 2, 1, 2, 3, 3, 2, sabe que existem mais ou menos 3 níveis de prioridade: primeiro, a gramática, que poderia fazer parte integral do seu plano de estudo; segundo, o vocabulário, a leitura e a escrita, que deveriam ocupar em medidas iguais quase todos os outros espaços no seu plano; e terceiro, audição e pronúncia, que deveriam ocupar posição secundária em seu plano.

Pode parecer óbvio, mas, de acordo com minha experiência, é incrível o número de pessoas que perdem tempo estudando exatamente o que elas *menos* precisam, talvez porque se sintam mais seguras trabalhando na área que já dominam. Por esse motivo, é uma boa idéia deixar claro em que você está realmente precisando melhorar, antes de começar a se preparar para uma prova de inglês.

Se você tem dificuldade em avaliar cada área de forma precisa com pontos, existe outra opção: colocar as seis áreas na ordem de prioridade,* começando com a área em que menos precisa melhorar, por exemplo:

Vocabulário [3] Gramática [2] Leitura [1] Escrita [4] Audição [5] Pronúncia [6]

Mesmo que os resultados não determinem o tempo relativo que você deveria gastar em cada área, ao menos está refletindo sobre seus pontos mais fracos e mais fortes, e, desse modo, tendo uma idéia mais clara de por onde começar sua preparação.

Qual parte da prova é mais difícil para você?

Obviamente, existe uma conexão entre as habilidades que você precisa desenvolver em seus estudos e as partes da prova que são mais complicadas. Mesmo assim, é importante avaliar o nível de dificuldade de cada *parte da prova* e de cada *tipo de questão* que será enfrentada, para que sua preparação inclua bastante prática exatamente nas questões em que mais precisa melhorar seu desempenho. Para quem vai fazer uma prova do curso de inglês, peça para o professor dar uma lista detalhada das áreas e dos tipos de questões que serão incluídos na prova. Para quem vai fazer um exame internacional, é imprescindível obter um ou mais exemplares de todas as partes do exame, por intermédio de sua escola ou de sites e endereços no Capítulo 5. Especialmente úteis são os resumos das questões nas provas (*Handbooks*) e os relatórios dos examinadores (*Examiners Report*), que mostram avaliações das respostas das questões mais comuns na prova e, portanto, ajudam a entender melhor o que é preciso fazer para conseguir uma boa nota.

Para fazer uma avaliação, existem duas opções. A primeira é dar pontos para as partes ou as questões individuais – dê um ponto para as mais fáceis e até cinco para as mais difíceis, por exemplo:

---

* Se você não sabe como se avaliar, observe os exercícios e tarefas feitos por você nos cursos de inglês e faça uma lista dos tipos de erros que comete.

a) Exame (Exemplo: IELTS)

Listening	2
Academic ou General Reading	3
Academic ou General Writing	3
Speaking	4

b) Prova (Exemplo)

Colocar verbos no tempo verbal correto	1
Dar definições de palavras ou frases	3
Escutar diálogo, questões de compreensão	2
Ler texto com questões de compreensão escritas	2

A segunda é fazer uma avaliação mais básica, marcando o tipo de questão com apenas três níveis de dificuldade:

c) Exame (Exemplo: Cambridge FCE – Paper 3 Use of English)

	Fácil	Médio	Difícil
Lacunas com múltipla escolha		√	
Lacunas abertas			√
Transformações de palavras-chave		√	
Correção de erros	√		
Construção de palavras a partir da raiz		√	

Mesmo sendo difícil fazer uma avaliação precisa, antes de praticar as questões específicas da prova, é importante começar a se preparar fazendo uma leitura detalhada do tipo de matéria que pode cair na prova. Mais tarde, é possível repetir a avaliação depois de praticar um pouco as questões e conferir se a sua avaliação inicial precisa ser modificada. Finalmente, um pouco antes da prova, faça o exame novamente para observar se algumas questões ainda precisam ser trabalhadas mais do que outras na sua revisão final.

Agora, você já tem uma idéia de *como* e *o que* precisa estudar. Está na hora de considerar *quando* você vai achar tempo para fazer uma boa preparação para sua prova.

Como fazer um bom plano de estudo

Provavelmente a desculpa mais comum para as pessoas não estudarem mais inglês é "falta de tempo". Mas não será mais uma questão de como *escolhemos* usar o nosso tempo livre, mesmo que não disponhamos de muito? Como o autor Michael Jacobs disse, geralmente não existe falta de tempo, só falta de prioridade.* Acredito que colocar em perspectiva o tempo de que precisa para estudar mais não parece ser uma exigência tão grande quando comparada aos méritos em potencial que pode atingir. Faça uma experiência: anote rápido o tempo que gasta em um dia normal para fazer as coisas básicas da vida, como dormir, levantar, tomar banho, preparar refeições e se alimentar, ir para o trabalho ou a escola, trabalhar ou estudar e fazer atividade física. Excluindo tudo o que não é completamente necessário, como falar ao telefone/celular, escutar música, assistir televisão, navegar na internet ou pensar na vida... Será que não tem como tirar um tempinho do seu dia para fazer qualquer tipo de atividade em inglês?

É verdade que são necessários alguns ajustes e sacrifícios no seu dia-a-dia, mas não é necessária uma mudança radical. Estima-se que o período de estudo ideal para o cérebro recordar informações é de vinte a trinta e cinco minutos, então apenas um período curto e freqüente pode proporcionar resultados surpeendentes. Se considerarmos que, durante cinco vezes na semana, você estuda dez palavras ou expressões por dia e gasta mais ou menos trinta minutos para memorizá-las, no final, você teria aumentado o seu vocabulário em 200 palavras por mês, ou em 2400 em um ano. Ao ponderar o fato de que utlizamos apenas entre 10.000 e 15.000 palavras *quando escrevemos na língua-mãe*, você entenderá melhor os benefícios de estudar *pouco*, mas com *freqüência e consistência*.

Obviamente, para se preparar para uma prova, você tem de se dedicar mais. A principal idéia é que seus estudos deveriam ser *consistentes*, durante um período *prolongado*, e que realmente não há como arrumar um tempinho no seu horário para seguir um plano de estudo. O importante é saber a forma como vai priorizar o seu tempo, tentando reduzir todas as suas outras atividades profissionais, sociais e domésticas durante a sua preparação, sempre lembrando dos seus objetivos a longo prazo. Nas palavras de Richard Palmer: "Time management means self-management." ("Controle do tempo significa controle de si mesmo."); então, assuma a responsabilidade para toda sua vida, criando o tempo necessário para cumprir seu plano de estudo.

Tente esquematizar um horário similar ao usado nos colégios, e depois siga os seguintes passos:

	8	9	10	11	12	13	14	15	16	17	18	19	20	21	22
Segunda															
Terça															
Quarta															
Quinta															
Sexta															
Sábado															
Domingo															

**Como não aprender inglês* (Campus/Elsevier).

- Marque com um X todas as horas (ou frações de horas) que você está ocupado com *coisas necessárias*, deixando tudo o que é *opcional* em branco. A definição depende de você, mas tente excluir tudo o que não tem importância *imediata* para os seus objetivos.
- Nos quadrinhos que sobrarem, marque *3-5 períodos* de pelo menos meia hora, e mais 3-5 períodos de dez minutos durante a semana. Leve em consideração também a parte do dia em que você estuda melhor (de manhã cedo, no final da tarde ou à noite). Seja realista: é melhor começar com menos períodos e ir ganhando confiança ao cumpri-los do que planejar muitos períodos e depois ficar desmotivado por não conseguir cumpri-los.
- Decida *qual área de inglês* você vai estudar em cada período e *como vai estudar*, de acordo com a sua auto-avaliação. Pode ser rever o vocabulário, exercitar a gramática, ler um texto, escutar um diálogo, escrever uma carta, repetir frases em voz alta... Enfim, quanto mais variedade melhor.
- Dentro de cada período, pense em uma *divisão de tempo* eficiente para aprimorar sua memorização. Por exemplo, um período ideal de trinta minutos pode ser dividido assim:

  (a) Resuma tudo o que você vai estudar, repetindo em voz alta. Faça um plano rápido de como pretende lidar com esse material de forma mais eficaz (cinco minutos).

  (b) Estude da forma mais variada possível. Comece e termine com os tópicos mais difíceis, pois o cérebro recorda melhor informações no começo e no fim de um período de atividade mental (vinte minutos).

  (c) Revise o material. Resuma-o e faça um autoteste, com definições ou explicações em voz alta (cinco minutos).
- Sempre deixe *períodos livres* durante a semana para rever tudo que estudou nos períodos anteriores, para conferir o seu progresso, analisar os problemas principais e recuperar o tempo perdido. A repetição regular do material é fundamental para aumentar as chances das informações novas serem transferidas para a memória de longo prazo.
- Em períodos mais longos de estudo, é essencial ter *intervalos regulares*. Depois de no máximo 45 minutos, levante durante 10 minutos, para fazer um cafezinho, ligar para um amigo, escutar música, dar uma volta... Se tiver dificuldade de estudar mais do que 15 minutos, não se preocupe, pode ser mais produtivo fazer um intervalo de 5 minutos 3 vezes por hora e estudar com mais concentração do que sofrer durante uma hora sem intervalos. O princípio é o mesmo: no final de cada período o cérebro responde melhor, sabendo que irá descansar logo depois.
- Não é sempre necessário gastar seu tempo exclusivamente para estudar inglês, porque é possível *misturar atividade física com atividade mental*, aproveitando vários momentos durante o dia para fazer um miniperíodo

de estudo. Tomando banho, fazendo a barba ou se maquiando, cozinhando, tomando café da manhã, indo para o trabalho/a escola, voltado do trabalho/da escola, almoçando, trabalhando no escritório, exercitando-se na academia. É realmente incrível quanto tempo se ganha combinando atividades cotidianas com períodos curtos de estudo, especialmente revisão de vocabulário. Porém, não é aconselhável estudar em frente à televisão, com música muito alta ou outras pessoas falando. Não se engane!

Antes de continuar, faça uma lista de atividades físicas que podem ser incluídas no seu tempo de estudo. Depois escolha, no mínimo, duas e selecione uma área de vocabulário ou gramática que vai estudar, e tente cumprir este plano de atividade física combinado com estudos durante um mês para ver os resultados.

O fato de ter conseguido completar um horário básico já deve ter provocado um efeito psicológico positivo, só por perceber como é fácil inserir períodos curtos de estudo no seu dia-a-dia, sem atrapalhar muito sua vida. Os períodos podem ser flexíveis tanto em número quanto em duração, mas o importante é ser realista nos seus objetivos, e não tentar fazer mais do que o razoável.

Se quiser, faça um plano para o primeiro mês, com poucos períodos de estudo e de duração curta, e nos próximos meses aumente aos poucos o tempo de estudo. Outra possibilidade é organizar um horário um pouco mais flexível (para permitir os imprevistos inevitáveis), comprometendo-se a fazer, por exemplo, *pelo menos* de três a cinco períodos por semana. Cumprir sempre o seu plano tem um efeito psicológico importante, pois dá a você cada vez mais confiança em suas habilidades e o impulsiona seguir em frente. Como Isaac Newton disse: “That which is in motion will wish to remain so.” (“Aquele que está em movimento, vai querer ficar em movimento.”)

Como se motivar para estudar

Primeiramente, é preciso pensar de maneira positiva. Não fique sempre pensando como será difícil, mas sim o que você ganhará se conseguir passar na prova. Imagine-se fazendo sucesso, reflita sobre seus objetivos no longo prazo e pense como conseguirá seguir o seu plano de preparação. Entretanto, é importante não confundir seus *objetivos* com seus *sonhos*, ou seja, tente atingir um nível de inglês realista. Não exija demais de você mesmo, e admita desde o começo que haverá distrações, dificuldades e momentos de emoção e frustração. Além de rodear-se de pensamentos positivos, aproveite uma variedade de técnicas para motivar-se a estudar, tanto em termos de automotivação quanto de incentivos externos.

Objetivos claros

Para nunca esquecer por que vale a pena fazer tanto esforço, uma boa idéia é escrever na capa do seu caderno ou, melhor ainda, em um pôster colorido na parede:

(a) Três razões para você passar na prova e/ou três razões de pessoas que desejam que passe. Citações famosas também incentivam, por exemplo, a frase de Goethe (colada na tela do computador) que me inspirou a começar a escrever livros: "Whatever you can do or dream you can, begin it. Boldness has genius, power, and magic in it." ("Se você é capaz de fazer algo ou sonha em fazê-lo, comece. Coragem contém genialidade, poder e magia.")

(b) Imagens visuais representando seus objetivos finais ou mostrando as etapas em uma seqüência. Por exemplo, uma imagem da prova que vai fazer, a universidade onde quer estudar ou a empresa onde quer trabalhar com uma foto sua colada no meio e balões representando você dizendo: "I passed the TOEFL!", "I'm studying at UCLA!", "I got a job with Roberto Justus!".

(c) Trabalhos bem-sucedidos que você fez ou modelos para imitar. Por exemplo, uma redação que redigiu ou uma das respostas exemplares disponíveis para os exames internacionais.

(d) O seu plano de estudo; horário, áreas principais para estudar, erros freqüentes, avaliação do trabalho feito, regras gramaticais, listas de vocabulário etc.

Incentivos imediatos

Para ter um pouco mais de incentivo na hora de estudar, utilize um sistema de recompensas para completar o horário, por exemplo, um pedaço de bolo ou uma taça de vinho no final do dia, um bom filme ou jantar no fim da semana, uma roupinha no final do mês, uma viagem no final do ano... Claro que nem todos têm dinheiro para dar recompensas desse tipo o tempo todo, mas o princípio de merecer algo por seu curto período de estudo ajuda você na batalha de seguir seu plano de estudo. Só um aviso: antes de ganhar a recompensa, você tem de completar o trabalho, se não perde o incentivo para estudar!

Uma alternativa mais radical e mais econômica em termos calóricos e financeiros é introduzir um sistema de castigos; se você *não* completar o período de estudo, terá de arrumar a casa ou lavar louça, não poderá ir à festa, não assistirá a novela... Embora seja mais comum responder a recompensas, algumas pessoas sentem-se mais motivadas vendo a situação por um ângulo negativo.

Tutor

Em vez de assumir todo o desafio da preparação sozinho, procure algum amigo, parente ou professor que ofereça apoio acadêmico e moral. Depois, decida *onde* e *quando* irão se encontrar e com *que freqüência*, além de resumir no primeiro encontro tudo o que você vai fazer na prova e como pretende se preparar. Durante a sua preparação, essa pessoa pode ajudá-lo de diversas maneiras, como:

(a) Incentivar e recompensar seu trabalho; em cada encontro, combinem o que você fará antes do próximo e o que ganhará se conseguir.

(b) Monitorar o progresso; usando a lista que vocês fizeram no início, a pessoa vai ajudá-lo a seguir seu plano de estudo.

(c) Testar o conhecimento – especialmente mais próximo da prova – fazer perguntas, pedir definições e explicações e corrigir erros.

(d) Fazer provas que tenham uma parte oral; prepare exemplos da prova para a pessoa fazer o papel do examinador. Também é uma boa idéia gravar a conversação entre vocês para avaliar seu desempenho.

Grupos de estudo ou revisão

Quando você pensa nos benefícios de trabalhar em grupos na vida profissional, faz sentido tentar aproveitar essa dinâmica para incentivar os seus estudos de inglês. Procure até três pessoas com objetivos parecidos (por um anúncio em escolas ou universidades) e tente marcar encontros regulares, pessoalmente ou por e-mail. Além de não querer deixar as outras pessoas desapontadas, existem diversos benefícios de trabalhar em grupos:

Planejar: resumir áreas de estudo e prever questões da prova, comparar estratégias de aprendizado.

Ensinar: explicar a matéria para outra pessoa é uma boa maneira de transmitir seu conhecimento, e muitas vezes ganhar confiança no *seu* progresso.

Corrigir: aprender com seus erros e desenvolver faculdades críticas com os erros de outras pessoas é uma boa oportunidade.

Testar: criar suas próprias questões sobre uma área pode motivá-lo a memorizar o material, avaliar o progresso de cada um no grupo e ajudar a prever as questões da prova.

Como organizar os seus estudos

Ambiente

Para começar a se organizar, primeiramente, precisa decidir *onde você vai estudar*. É aconselhável procurar um lugar que facilite a concentração, com bastante luminosidade e temperatura agradável, sem barulho e sem distrações (especialmente telefonemas), com cadeira confortável e mesa para escrever se precisar. É sempre bom procurar um lugar alternativo, por exemplo: uma biblioteca pública ou da escola, a casa de um amigo ou parente ou até um restaurante ou café.

Enquanto você está estudando, pode até escutar uma música relaxante, principalmente se for clássica ou instrumental, o que proporciona uma atmosfera relaxante sem impedir a sua concentração. Resumindo, procure as melhores condições possíveis para maximizar o seu potencial de aprendizado.

Anotações

Primeiro, é necessário um caderno novo, ou melhor, cadernos individuais para vocabulário e gramática (e se quiser, para outras áreas como pronúncia e redação). Outra opção é comprar uma pasta com divisórias para separar o material de cada área, tendo a vantagem de poder adicionar ou tirar material quando necessário. Para quem trabalha, principalmente no computador, é importante criar pastas diferentes para cada área. É aconselhável imprimir uma cópia de tudo e guardar em pastas junto com o seu trabalho escrito. Além disso, crie uma minibiblioteca particular, guardando exercícios, listas de vocabulário novo e reportagens de jornais ou revistas, de acordo com o tópico, o nível de dificuldade ou em ordem alfabética.

Segundo, você precisa pensar em como vai anotar palavras ou expressões novas na própria página:

(a) Usando a forma tradicional: inglês de um lado e *tradução* de outro. Além disso, é importante incluir a *pronúncia e a ênfase* corretas (escreva como você ouve a palavra ou a frase), além de um *exemplo* em uma frase em um contexto real e relevante. Inclua informações adicionais como palavras com a mesma raiz, o oposto de um adjetivo ou advérbio, o passado de um verbo ou a preposição que vem antes ou depois da palavra:

Recipe (<u>wre</u>sipi): I liked it so much I asked her for the recipe.

To succeed (sãk<u>sid</u>): We succeeded in selling all the products.

(Un) successful (sãksesfãl): The company's takeover bid was unsuccessful.

(b) Experimente outras formas de anotações, como os *mapas mentais*, que usam uma apresentação mais diagramática do que linear e que podem ser ampliadas cada vez que você encontra outro item da mesma categoria:

To park
To overtake
To pull over
Mechanics
Have your car serviced
Spare parts

CAR

a 2 liter engine
the hood
the trunk
to have an accident
to have insurance
to wear a seatbelt

Esse tipo de representação diagramática serve também para áreas de gramática, para uma visualização mais clara e para facilitar memorização. Um bom exemplo são os tempos verbais usados para expressar o futuro que estão na página 16. Outra opção é criar minitabelas para reforçar as combinações comuns de palavras (as chamadas *collocations*) ou para colocar palavras em grupos de acordo com um tópico ou o tipo de palavra:

If	You see John
When	She arrives
As soon as	I go to London
Before	the film finishes
After	We make dinner

To miss { + the plane / + your family / + the target

Verbos	Substantivos	Adjetivos/Advérbios
check in get on the plane take off/land go through customs	boarding card aisle/window seat flight attendant duty-free (shop)	delayed packed overpriced anxiously

Cold	Hot	Rainy
(pair of) gloves hat, scarf sweater/jumper ski jacket	(pair of) sandals swimming trucks shorts/bermudas sunglasses	Raincoat (+ hood) umbrella

Sobretudo, lembre-se que anotações são pessoais, para você ver e ninguém mais. Experimente com formas e cores diferentes, desenhos e diagramas; qualquer alternativa para fazer com que o material seja de fácil memorização.

EXERCÍCIOS

1. Selecione uma área de vocabulário e escreva dez palavras novas, primeiro em inglês e, depois, sua transcrição fonética (o som que você ouve), por exemplo:
   eyebrow (aibrau) = sobrancelha
   Depois escreva uma frase relevante à sua realidade para cada palavra.
2. Faça um mapa mental (como o exemplo dado anteriormente) para uma área de vocabulário que precisa preparar para sua prova. Tente dividir em categorias cada vez menores, incluindo cada vez mais detalhes conforme fica mais longe do centro do diagrama.
3. Faça uma tabela com três colunas – verbos, substantivos e adjetivos/advérbios –, selecione um tópico, pense em, no mínimo, quatro palavras em português (que não saiba em inglês) para cada coluna, procure no dicionário e complete a tabela.
4. Complete as tabelas de colocações (e adicione quanto mais você puder):

To have	To go	To make
a bath/shower	swimming	an effort

Fontes de referência

Dicionário: no Capítulo 3, você encontrará algumas dicas para diminuir a dependência desse recurso, porém, ele permanece uma ferramenta essencial para sua preparação a longo prazo. O ideal é ter um dicionário inglês-português, mas também um dicionário inglês-inglês, para você aprender mais inglês por intermédio de suas procuras. Para escolher um bom dicionário, recomendo uma avaliação simples por meio da procura de algumas palavras que já conhece. Observe se consegue achar com facilidade, se entende com clareza as definições, se inclui exemplos claros dos usos da palavra e transcrição fonética. Leia com calma a parte do começo – *How to use the dictionary* (Como usar o dicionário) – e confira as abreviações comuns:

V(**b**) = verbo | **n** = noun (substantivo) | **adj.** = adjetivo
adv. = advérbio | **prep.** = preposição | **conj.** = conjunção
BE/GB = britânico | **AmE/US** = americano | **pron.** = pronome
sb/so = somebody/someone (alguém) | **phr v** = phrasal verb

Livro de gramática com exercícios: como a maioria das provas e exames testam seu conhecimento de gramática, vale a pena investir em um livro com explicações e exercícios práticos para cada área das estruturas usadas na língua inglesa. Mais uma vez, é preciso fazer uma avaliação para escolher o melhor livro para suas necessidades. Anote alguns tópicos de gramática, como: "some" e "any", "Present Perfect" ou "Conditionals" (veja o Apêndice), e procure um resumo dos pontos principais ou qualquer dúvida que tenha sobre o tópico. Compare a apresentação, as explicações, os exemplos e os exercícios práticos antes de decidir qual livro comprará. Posso indicar alguns livros em inglês: *English Grammar in Use* (CUP), *Active English Grammar* (Collins Cobuild), *Longman English Grammar Practice*, *Heinemann English Grammar*, ou em português: *Gramática prática da língua inglesa* (Saraiva), *Grammar No Problem* (Disal), *Gramática fácil de inglês* (Richmond). Consulte o site www.disal.com.br para todas as opções disponíveis no Brasil.

Recursos diversos

Seguindo o ditado inglês, "*Variety is the spice of life.*" ("A variedade é o tempero da vida."), sempre procure aproveitar ao máximo os recursos disponíveis. Primeiro porque vai tornar seus estudos menos repetitivos e mais estimulantes e, segundo, vai dar mais oportunidades para seu cérebro encontrar linguagens importantes de formas variadas. Complete mais uma avaliação para conferir quais recursos você normalmente utiliza na sua preparação para provas ou exames. Assinale os itens que considera mais importantes:

☐ **Papelaria** → pastas, arquivos, cadernos, canetas coloridas
☐ **Computador** → sites na internet,* CDs e CD-Roms, arquivos em Word
☐ **DVD** → ao assistir pela primeira vez: legendas em português; na segunda vez: em inglês; na terceira, sem legendas
☐ **TV a cabo** → notícias, seriados, comédias, músicas legendadas
☐ **Biblioteca** → prática do exame, referência, livros paradidáticos
☐ **Jornais/revistas** → inglês, americano ou nacional (ex.: *Speak Up*)
☐ **Grupos de estudo** → preparar, comparar, testar, conversar etc.

De acordo com sua auto-avaliação nas páginas 6 a 10, faça agora uma lista com os recursos que você pode usar, depois volte para seu plano de estudo na página 11 para ver onde serão encaixadas as atividades diversas no seu dia-a-dia.

---

* Por exemplo: free-english.com, englishlearner.com, eslcafe.com, efl4u.com, englishclub.com, learnenglish.com e onestopenglish.com.

Relatório dos seus estudos

Durante sua preparação, não esqueça da importância de *recordar e revisar com freqüência* o que você já estudou, por isso, deve ter algum tipo de histórico dos seus períodos de estudo. Dessa forma, é possível monitorar seu progresso e continuar a avaliar as áreas que precisam ser mais trabalhadas, além de anotar questões ou dúvidas com seu professor. Prepare algumas folhas usando este exemplo como modelo:

Tópico	Exercício	(Nota)	Aprendi	Problemas	Soluções
Adjetivos para descrever pessoas	Completar descrições de fotos	9 de 15	14 adjetivos novos	Tipos de cabelo	Escrever descrições de amigos e gravar
Verbos modais de obrigação	Escutar diálogo	3 de 6	*Should* *Ought to* *Must* *Have to*	Diferença entre *mustn't* e *don't have to*	Fazer cinco exemplos de cada, mais o exercício na página X

Do mesmo jeito, recorde todas as questões da prova que já foram feitas como parte dos seus estudos, como este exemplo do exame do TOEFL:

Parte	Questão	(Nota)	Aprendi	Problemas	Soluções
Listening	1-6	13 de 30	Vocabulário para apresentações acadêmicas	Entender o inglês falado rapidamente	Assistir a notícias em inglês uma vez por dia
Writing	2	16 de 30	Como planejar e estruturar redações	Conexões entre parágrafos, pontuação e como escrever as palavras corretamente	Estudar conexões, revisar melhor redações

Como aproveitar sua memória

É difícil definir com precisão como funciona a memória, pois ela faz parte de um sistema com dez bilhões de neurônios que criam mais conexões do que os átomos existentes no Universo. Segundo algumas pesquisas, ter boa memória não é um *talento*, mas uma *habilidade* que pode ser aperfeiçoada por intermédio da prática e do treinamento regular. A transferência de informações da memória de *curto prazo* (que pode ser comparada a uma bolsa onde se guardam coisas temporariamente) para a memória de *longo prazo* (que pode ser comparada a um freezer, onde se guardam coisas durante muito tempo) depende principalmente da freqüência do uso e da variedade de estímulos que o cérebro encontra.

Por esse motivo, para tornar a preparação para sua prova mais eficiente, existem algumas técnicas básicas de memorização,* baseadas em princípios antigos e desenvolvidas em várias áreas de estudo. Como as pesquisas mostram que a memória está distribuída por várias regiões do cérebro, o importante é procurar o maior número de estímulos diferentes para aumentar as conexões feitas no cérebro e a probabilidade de que informações novas passarão para a memória de longo prazo. Resumindo, existem dois tipos principais de estímulo: *sensibilizar e exercitar com freqüência todos os nossos sentidos* e *formar associações com outras informações já processadas*. Vamos ver agora como podemos aproveitar esses princípios para melhorar seu desempenho em provas de inglês.

Estimulando os sentidos

Para a maioria dos alunos, a *memória visual* é bastante forte, por dois motivos: primeiro porque o ser humano conta muito com uma interpretação visual do mundo (diferente de que muitos outros animais); segundo, porque existem muitas possibilidades para estimular a memória visual em nossos estudos – palavras escritas, objetos, fotos e desenhos (coloridos), diagramas e mapas, filmes, informática... Como já vimos na página 17, é possível fazer anotações de várias formas visualmente diferentes, como representar vocabulário e gramática de uma forma diagramática. Veja outro exemplo para lembrar da diferença entre palavras com *some* e *any*:

SUBSTANTIVOS PLURAIS OU INCONTÁVEIS

SOME → *Positivo* (+ something, someone/somebody, somewhere)
ANY → *Negativo e Interrogativo* (+ anything, anyone/anybody, anywhere) (!) Em pedidos/ofertas ou em perguntas que você acha que já sabe a resposta, usa-se **some**.

* Para mais detalhes, veja o livro *Inglês que não falha* (Campus/Elsevier).

Outro sentido bastante utilizado no estudo de um idioma é a *memória auditiva*. Além de escutar músicas relaxantes enquanto está estudando ou escutá-las acompanhando as letras, o estímulo principal se dá por diversas formas de repetição oral. É preciso se acostumar a *falar em voz alta* tudo o que está estudando, repetindo diversas frases relevantes, de preferência gravadas em um CD ou em uma fita. É também importante variar a repetição, por exemplo, construindo uma frase palavra por palavra a partir do começo ou do final, ou mudando partes da frase conforme o tempo verbal. Na área de pronúncia existem ainda mais oportunidades para lembrar de palavras e frases usando a memória auditiva:

- *A pronúncia correta*: por exemplo, uma palavra como *although* (orl-thou) é dividida em duas partes "all" e "tho", e depois repetida várias vezes em vozes diferentes, com volumes diferentes e em uma variedade de exemplos.
- *A ênfase correta*: na parte da palavra com mais ênfase (sílaba tônica), exagerando o som para estimular mais sua memória auditiva. É possível ser combinado com uma apresentação visual mais memorável:

  ADvertise **NOTE**book Japan**ESE** employ**EE**

  Ou é possível combinar uma "fonética brasileira":

  Wednesday = /**uens**dei/ through = /thru/ cousin = /**kã**zãn/

  DAIning room (dining room) wri**SIT** (receipt) **NEI**bã (neighbor)

Existe também a *memória cinestésica*, do movimento do corpo. Seguindo o ditado latino *mens sana in corpore sano* (mente sã em corpo são), fazer exercício físico regular durante sua preparação pode melhorar sua energia mental, além de fazê-lo relaxar e dar tempo para o cérebro assimilar sem pressão o material. A prática de exercícios físicos estimula a memória cinestésica e pode aumentar a eficiência dos estudos em, no mínimo, duas maneiras:

- *Reforço com objetos e ações* quando possível: primeiro, procure tocar nos objetos e realizar as ações que está estudando, fechando os olhos e repetindo a palavra ou a frase ao mesmo tempo; segundo, coloque etiquetas com ações típicas – *Put dishes away in the cupboard*, *Read e-mails and send replies* e *Look in the mirror before you pull out* – em casa, no escritório, no carro etc. Também é possível colocá-las em objetos, e quando você vir a etiqueta, toque o objeto e repita em voz alta pelo menos uma vez a palavra ou uma frase com a palavra que o representa.

- *Diversão*: adultos, do mesmo modo que crianças, aprendem por atividades mais lúdicas, como músicas acompanhadas por ações, mímicas de ações, adjetivos ou advérbios e jogos que incluam algum movimento ou deslocamento físico.
- *Mistura de atividade física com atividade mental*: primeiro, faça algo enquanto está memorizando o vocabulário para distrair sua mente consciente, como jogar uma bola na parede ou papel em uma cesta. Melhor ainda, aproveite o tempo livre quando está fazendo outras atividades no seu dia-a-dia (veja a página 13). Não esqueça que o cérebro é incrivelmente elástico e versátil; ele é capaz de fazer várias coisas ao mesmo tempo e, às vezes, recorda mais quando distraído com alguma atividade física.

EXERCÍCIOS

1. Selecione uma área da gramática que precise preparar para sua prova e faça um diagrama para representar os pontos principais, de preferência em uma folha e com canetas coloridas.
2. Selecione dez palavras difíceis e escreva um exemplo relevante para cada uma. A seguir, grave as frases em um CD ou em uma fita, primeiro dividindo as frases em partes menores, depois as frases completas, e repita esse exercício várias vezes.
3. Faça pelo menos cinco etiquetas com palavras e frases e as coloque em lugares onde possa ver com freqüência. Depois pense em duas atividades físicas que você faz durante o dia e as quais pode aproveitar para estudar vocabulário (por intermédio de etiquetas).

Criando associações

O sistema de memorização dos gregos antigos, mnemônica, fundamentou-se no princípio de que quanto mais o cérebro puder associar uma informação com outras informações já processadas melhor será a probabilidade de reter a informação. Existem vários tipos de associações:

- *Associações pessoais*: sempre procure incluir nos seus exemplos pessoas, lugares e coisas que são relevantes para você. Dessa maneira, você vai tornar *seu* material mais interessante e conseqüentemente lembrará mais. Na verdade, as associações e conexões que seu cérebro faz espontaneamente são as mais fortes, muitas vezes além do controle consciente, então, tente deixar sua mente livre e confie nos exemplos que você faz do seu jeito.

Além disso, use alguns truques clássicos como imaginar palavras ou frases em lugares conhecidos, espalhadas pelo seu quarto, sua casa, seu escritório ou por pontos preferidos da sua cidade. Crie uma imagem de parentes, amigos e celebridades preferidas segurando placas ou blocos tridimensionais, ou pense nessas pessoas fazendo as ações, ou fazendo de uma maneira específica, ou com certas emoções:

- *Associações contextuais*: juntamente com representações visuais, crie personagens, situações e historinhas para facilitar a memorização de palavras importantes. Por exemplo, lembre da diferença entre três estruturas comuns que sempre dão problemas aos brasileiros: *usually do* (costumar fazer), *used to do* (fazia) e *be/get used to doing* (estar/ficar acostumado a fazer). Gostaria de apresentar a você um amigo meu, Pancho:

Where is he from? How old is he? What does he look like?
What's he doing? Does he look happy?
What does Pancho usually eat? (ex.: He usually eats tacos, chili con carne.)
What does Pancho usually drink/wear/do after lunch?

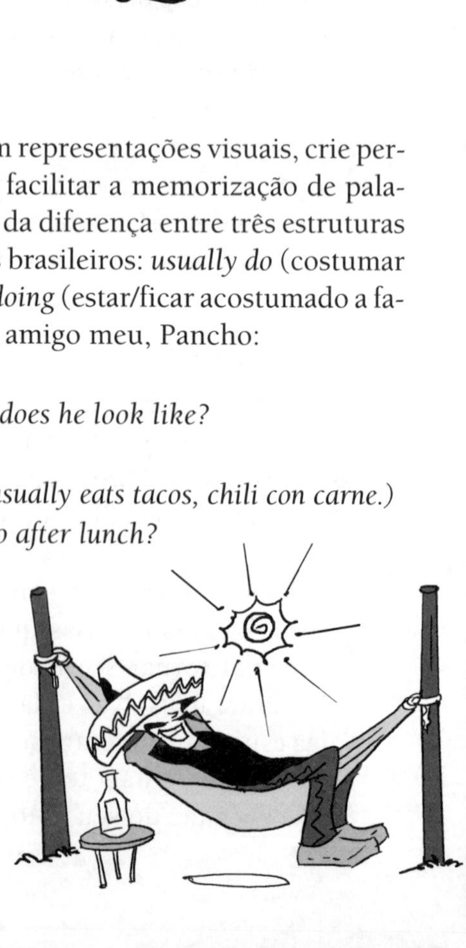

Na verdade, Pancho é o melhor vendedor de gelo em todo o México, e por esse motivo sua empresa resolve mandá-lo para o mercado mais difícil do mundo:

Where is he now? What's he doing?
Does he look happy?
What does he usually eat/drink/wear now?
(ex.: He usually eats...)
What did he used to eat/drink/wear (in Mexico)? (ex.: He used to eat...)
How long will it take to get used to living here?

- *Associações lingüísticas e culturais*: fazendo conexões com palavras em português ou com outra palavra em inglês já conhecida, como "essa palavra é parecida com..." ou "esta expressão me faz lembrar de...". Por exemplo, a palavra *lawyer* (advogado) rima com *jóia*; *huge* (enorme) é parecido com *Rio de Janeiro*, e *Rita* Lee sempre esquenta as mãos em um *heater* (aquecedor)!

Da mesma maneira, lembre da pronúncia de algumas palavras fazendo rima com outra palavra que já conhece, às vezes criando imagens engraçadas. Por exemplo: "the *best guest*", "*sauce* for my *horse*", "*yawning* in the *morning*", "*own* a *phone*".

Outro exemplo para lembrar como se escreve uma palavra difícil é fazer frases com as letras (em inglês ou português) da palavra em questão, por exemplo:

Necessary = *N*ever *e*at *c*hips, *e*at *s*alad *s*andwiches *a*nd *r*emain *y*oung.
Receive = *R*aphael *é* *c*onfuso, *e*le *i*nventa *v*ários *e*xemplos.

EXERCÍCIO

Experimente as técnicas de associação: primeiro, faça uma conexão entre dez palavras ou entre frases novas e lugares ou pessoas que você conhece; segundo, crie uma situação, um personagem ou uma historinha que incluirá algum assunto da gramática ou do vocabulário; finalmente, selecione algumas palavras que apresentam dificuldades de ortografia ou de pronúncia e tente criar uma associação lingüística ou uma frase para representar as letras.

Reciclagem de material

É comum ouvir alunos e professores fazendo comentários como "já *fizemos* isso", "hoje vamos *estudar* x" ou "temos de *terminar* isso até o final do semestre". Porém, muitas vezes existe uma confusão entre "fazer", "estudar" e "terminar" com "*aprender*" de forma permanente e flexível. Ainda que pareça chato ou entediante repetir o material, a realidade é o contrário; quanto mais você consegue rever o material em contextos variados, mais chances o seu cérebro tem de formar as conexões essenciais com a estrutura do seu conhecimento: "A probabilidade de recordar uma informação tem proporção direta com o número de vezes que é usada ou estudada." (R. Palmer em *Brain Train*, da E & fn Spon).

Sem repetição regular, estima-se que a porcentagem de informações que será lembrada diminua no mínimo 30% um dia depois e até 80% em uma semana. Fica difícil dizer exatamente o que significa "lembrar", mas permanece o fato de que uma parte do que você estuda, na verdade, "entra por um ouvido e sai por outro". Portanto, deveria fazer parte integral do seu plano de estudo deixar tempo para repetição, de preferência nas mais variadas e diferentes formas possíveis, resumir os pontos principais e identificar as áreas mais difíceis para serem estudadas novamente. Repetição aumenta a sua confiança; observar o que já conseguiu fazer é uma forma de incentivo e de renovar as energias para continuar a escalar a montanha.

Quando devo revisar o material?

- No final de cada período de estudo, quando o cérebro já está começando a relaxar.
- No começo do próximo período.
- No final de cada semana, junto com o material dos outros períodos.
- No final de cada semestre ou ano, como parte de uma grande revisão geral.

Ainda mais importante é o que vai fazer, quando e com que freqüência. O ideal é fazer períodos curtos de estudo, mas (quase) todos os dias, então aproveite qualquer tempinho no seu dia para rever o que estudou.

- *Autotestes,* definições, regras gramaticais e exemplos de frases, sempre em voz alta. Peça para outra pessoa fazer um miniteste, de preferência aleatoriamente e sem avisar.
- *Gravação* de palavras, frases, textos e diálogos em uma fita ou em CD, que depois possam ser escutados em casa, no carro, no discman ou no MP3.
- *Cartões de referência* de acordo com os tópicos que está estudando, os quais possam depois ser levados para qualquer lugar a fim de que você os estude. Melhor ainda, inclua fotos ou desenhos nas cartas para ficar mais fácil de memorizar.

- *Enxugando suas anotações*: toda vez que for rever o material, escreva em uma folha ou em seu caderno as definições ou regras que *não* conseguiu lembrar com facilidade; é outra oportunidade de revisar novamente. Quando chegar a hora de fazer outras revisões, utilize essas listas reduzidas e repita o processo.
- *Correções e feedback*: aproveite do professor o máximo possível, em vez de simplesmente ver a nota de suas provas e colocá-las na sua pasta sem analisar os erros. No caso de um trabalho escrito, por exemplo, pense que apenas 50% do benefício estão no ato de escrever e os outros 50% no trabalho que vai fazer depois de escrever, analisando os seus pontos mais fracos.

Para atividades mais específicas sobre reciclagem de vocabulário, veja a página 31.

Capítulo 2

Como se preparar nas principais áreas de inglês

Agora você já completou o seu plano de estudo, com períodos dedicados às áreas e às questões específicas de que mais precisa. Porém, as técnicas para melhorar seu desempenho em qualquer prova precisam ser construídas por meio de uma base sólida de habilidades lingüísticas. Não adianta esperar bons resultados sem praticar leitura ou escrever, escutar e falar inglês e sem um bom conhecimento de vocabulário e gramática em um nível apropriado.

Com certeza você vai precisar praticar com questões de provas antigas, mas preparar-se exclusivamente dessa maneira não vai proporcionar a variedade de estímulos de que necessita, tornando os seus estudos repetitivos e desestimulantes. Portanto, é melhor introduzir *aos poucos* práticas com as questões da prova, senão corre o risco de não ir bem no começo e ficar desmotivado pelo resto da sua preparação. Recomendo também reduzir aos poucos o *tempo* que tem para completar questões da prova, deixando mais tempo no início para pensar bem nas suas respostas sem a pressão do relógio. Mais próximo da prova, tente simular as condições – tempo, sem dicionário, sem distrações, sem interrupções – para fazer uma prova inteira. Então, o ideal é começar com um programa de estudos normais com o mesmo *nível* e os mesmos *tópicos* da prova, e depois aumentar cada vez mais a proporção do tempo que gastará praticando as *questões* da prova. Vamos ver agora como melhorar cada uma das áreas principais de qualquer prova de inglês.

Vocabulário

O estudo de *palavras* e *expressões* é fundamental na preparação para qualquer prova de inglês, devido à posição central do vocabulário em um idioma e por existir uma sobreposição de vocabulário com todas as partes da prova, portanto, melhorar nesta área significa melhorar as suas chances em geral. Nos últimos anos, as metodologias de ensino de inglês vêm salientando a importância de *combinações comuns de palavras* (*collocations*), além de *expressões fixas ou semifixas** usadas com freqüência no dia-a-dia. Ao invés de pensar em um idioma apenas como gramática com as palavras certas encaixadas, deve-se consideradá-lo em termos de "blocos de linguagem" que são modificados por meio da gramática.

Dicas gerais

- *Leia o máximo possível*: leia textos da prova, livros paradidáticos (que têm vocabulário simplificado de acordo com seu nível), revistas, jornais e sites da Internet e memorize palavras e frases novas. Assista a DVDs em inglês com legendas em inglês. Reserve um tempo todos os dias para rever o vocabulário e fazer exemplos em outros contextos.
- *Seja seletivo*: dê prioridade para o vocabulário mais relevante para sua preparação. Não gaste muito tempo memorizando ou procurando palavras no dicionário se não houver muita probabilidade de que precisará

---

*Para listas de expressões comuns, veja os livros *Como entender o inglês falado* e *Inglês que não falha* (Campus/Elsevier).

delas no futuro. Faça listas dos tópicos principais e de palavras, frases e expressões mais comuns para cada um, ou divida todas as suas anotações em dois grupos: vocabulários *central* e *adicional*.

- *Estude com regularidade e variedade*: para aumentar a probabilidade de que vai conseguir memorizar o vocabulário, o segredo é estudar *um pouco*, mas *com freqüência*, e repetir várias vezes em formas diferentes durante a sua preparação. Se concentre no vocabulário de um tópico ou em um tipo de palavra/expressão de cada vez, sempre pensando no que já consegiu aprender e não no que ainda tem de aprender.

Como memorizar o vocabulário

Para que palavras e frases possam passar para um nível mais permanente na sua memória de longo prazo, é possível adotar algumas estratégias mais específicas:

- *Repetição escrita e oral*: como vimos na página 22, a freqüência com que o cérebro detecta informações novas sob formas diferentes tem uma influência enorme na sua memória. Faça muitos exemplos relevantes à sua realidade e repita várias vezes em voz alta (na frente do espelho), de preferência gravando para escutar no seu dia-a-dia. Construa frases mais longas, palavra por palavra, aumentando até que consiga repetir tudo, ou substitua uma parte da frase e repita novamente. Outra opção é repetir por corais ou mantras, falando as palavras com um ritmo regular, batendo palmas ou as mãos na perna e balançando a cabeça, pois assim estimula a memória cinestésica. No começo ou no final de cada período de estudo, faça um *brainstorm* – reflita sobre um tópico, anotando o vocabulário que já sabe e o que ainda não sabe. É possível misturar palavras de tópicos diferentes e depois colocá-las em grupos novamente, ou pensar em palavras que combinam por qualquer motivo, como *boots* e *feet*, *polite* e *impolite*, *fired* e *unemployed* etc.

- *Estímulos visuais*: além dos exemplos na página 17, para ativar a memória visual, experimente com formas diferentes de anotação, como:

  Mind maps: para estudar e também testar, crie conexões entre subgrupos de um tópico, acrescentando mais vocabulário futuramente. Melhor ainda, faça com caneta colorida, como um pôster, ou com imagens ao lado do vocabulário.

Árvores: faça como no *mind maps*, mais comece na parte inferior da página, deixando crescer os galhos de acordo com os tópicos:

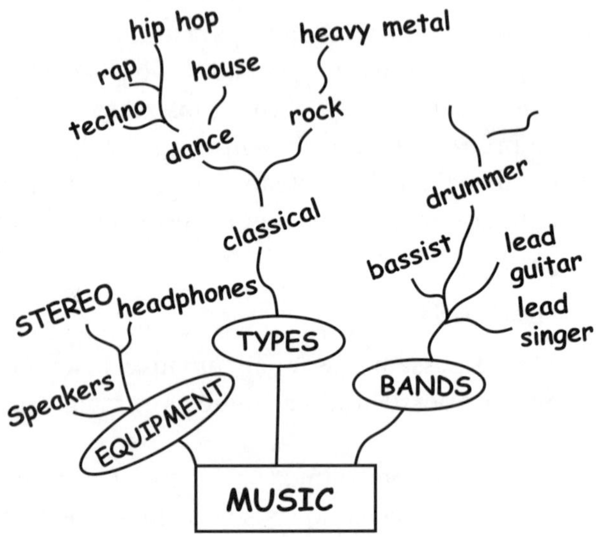

Linhas e lagostas: para mostrar as combinações de palavras ou como uma palavra pode ter mais de um significado:

to take	a train/bus (to)
	a picture
	time off
	your time
	a deep breath
	advantage of sb

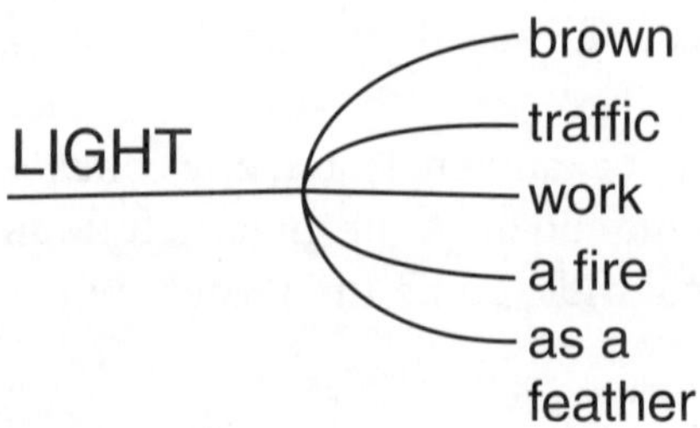

- *Cuecards* (cartões de papelão de 10x5cm): organizados de acordo com tópicos, tipos de palavras (verbos, adjetivos, preposições etc.), construção de palavras (por exemplo: *economy – economics – economize – economical*) ou questões da prova (por exemplo: frases que usará na parte escrita ou oral). Em cada cartão, inclua: a) definição e/ou tradução, a pronúncia, como você ouve e um exemplo relevante; b) imagem (colada ou desenhada) para reforçar o vocabulário:

Reliable = confiável /writaiābāl/ Toyota is the most reliable make of car in the world.

MISS THE BUS

CATCH THE BUS

Tente estudar um cartão por dia, aproveitando qualquer tempo vago para olhar, repetir em voz alta, fazer mais exemplos orais e formar conexões e seqüências com outras cartas. Quando você estiver fazendo sua revisão final para a prova, coloque uma seleção de cartões em uma caixa ou sacola e os tire aleatoriamente para testar seu conhecimento.

Post-its: papelzinhos adesivos (ou com fita adesiva). Escreva palavras ou frases completas que usam as palavras em contextos reais e cole em objetos, móveis ou partes da casa, do escritório, carro etc.:

Wardrobe Put on/take off your clothes Put away	**Stereo** Turn up/down the volume *ou* Turn it up/down
Don't forget to close the fridge!	**Phone dad as soon as you get home**

Depois escreva listas pequenas de vocabulário ou perguntas que podem ser coladas em lugares diferentes durante o dia – no banheiro, na cozinha, no carro, na esteira ou bicicleta – para aumentar o número de vezes que vai ver o material.

- *Autotestes*: são melhores quando realizados depois de estudar uma lista curta de vocabulário, porque o cérebro geralmente consegue reter mais informações no começo e no final de uma lista. Além da forma tradicional de cobrir o lado da página com o vocabulário em inglês, aproveite outras técnicas para avaliar seu próprio progresso. Primeiro, prepare um pedaço de papelão da largura do seu caderno, na forma de um L, de modo que você consiga ver uma palavra em português, mas não em inglês, ou quando ele é virado, veja o inglês mas não o português:

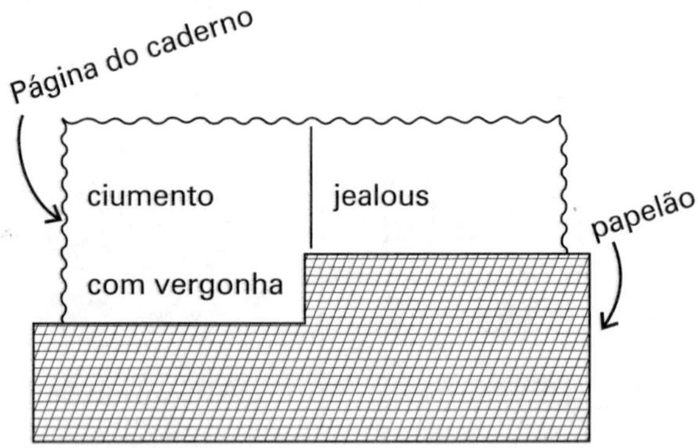

Reduza cada vez mais: leia uma lista de vocabulário várias vezes e faça um autoteste; toda vez que você não souber uma palavra, errar ou demorar a responder, anote em uma outra folha. No final, terá uma lista menor das palavras mais difíceis, que podem ser utilizadas para repetir o processo. Outra opção é estabelecer para você mesmo metas nos seus autotestes, talvez com uma recompensa – se, para passar, tem de conseguir acertar, por exemplo, 18 palavras de 20. Além disso, se quiser, introduza um sistema de pontos para autotestes, por exemplo: 1 para palavra, 2 para frase/expressão completa e 0,5 para cada erro ortográfico.

Não esqueça também da importância de dar *definições*, de usar outras palavras para descrever vocabulário que não sabe ou não se lembra, por meio de frases como:

It's *a person who...* (É uma pessoa que…);
This is *a thing [used] for ...ing* (Isto é uma coisa [utilizada] para...);
a place where [you can]... (Um lugar onde [se pode]...);

A kind/type of... (Um tipo de...);
It looks like... (Parece...);
It's when a person... (É quando uma pessoa...);
It means the same as... (Tem o mesmo significado que...);
Similar to... (Parecido com...);
The opposite of... (O contrário de...).

Para praticar, escreva uma seleção de palavras e expressões em faixas de papel cortadas e as definições em outras faixas; misture todas as faixas e depois coloque-as nos pares originais. Para um nível mais avançado, tire as definições escritas e responda você mesmo em voz alta.

EXERCÍCIOS

De acordo com as explicações nas páginas anteriores:

1. Faça um exemplo de, no mínimo, dois estímulos visuais, incluindo os primeiros dez *cuecards* da sua futura coleção.
2. Com uma seleção de dez palavras diferentes (coisas, pessoas, lugares, ações, sentimentos), escreva uma definição para cada uma (sem usar a palavra), ou uma frase que deixe claro o sentido. Por exemplo:
   Gloves = They are used for keeping your hands warm.
   Last year I borrowed Murilo's **tent** to go camping.

Atividades e jogos para praticar ainda mais o vocabulário

Mesmo sabendo que fazer uma prova é algo sério, em geral as pessoas aprendem melhor quando estão se divertindo, então aproveite atividades mais "light" para tornar seus estudos menos entediantes. Algumas sugestões:

Jogos de memória: primeiro, o mais tradicional; mais ou menos dez pares de palavras escritas em cartões de papel, divididos em dois grupos de cabeça para baixo em cima da mesa. Pegue uma carta de um grupo, repita, e fale a palavra que está procurando no outro grupo para formar o par antes de procurar. Quando você acertar, é preciso fazer um exemplo antes de continuar. Entre as opções: palavras em português de um lado, palavras em inglês do outro; adjetivos ou verbos e os opostos (*wide – narrow*; *go out – stay home*); palavras sinônimas (*frightened – scared*; *enter – go in*), objetos que combinam com um verbo (*knife – to cut*; *razor – to shave*) ou palavras e suas transcrições fonéticas (*minute – minit*; *area – éria*).

Lista contínua: outro jogo comum e que também funciona para apenas uma pessoa. Comece com frases como *I went to the supermarket and I bought...*, *In my house there is...* ou *Next week I'm going to...* e as complete com uma palavra ou frase curta, depois repita com duas, três, quatro... até não conseguir mais lembrar de tudo na ordem correta.

Mais uma opção é selecionar um grupo de palavras ou frases que podem ser representadas por objetos, imagens ou escritas em um papel. Repita todo o vocabulário várias vezes em voz alta e tente memorizar o máximo possível em um minuto, antes de colocar um pano ou toalha em cima dos itens. Faça uma lista escrita ou oral de tudo que você consegue lembrar, depois levante o pano e conte um ponto para cada palavra escrita corretamente.

Palavras cruzadas: uma forma divertida de revisar vocabulário, você pode encontrar uma ampla seleção no site www.puzzlemaker.com. Também existe a possibilidade de criar palavras cruzadas para ajudar o seu estudo de vocabulário. Prepare uma grade vazia de mais ou menos 10x10cm, uma lista de doze palavras que queira decorar e outra lista com as definições dessas palavras em inglês. Escreva uma palavra mais longa no meio da grade, e depois tente adicionar palavras da lista, colocando um número no quadro onde a palavra começa e o mesmo número do lado da definição na lista, e sempre repetindo a palavra e a definição enquanto está escrevendo. Mais tarde, em seu período de estudo, volte para preencher uma grade vazia usando apenas as definições, ou apague os números e combine as definições com as palavras na grade original.

Misturar letras/palavras: troque a ordem das letras de uma palavra ou as palavras de uma expressão que queira decorar, depois volte, escreva e repita na ordem correta. Você também tem a opção de tirar uma letra ou uma palavra e depois completar a palavra/frase, além de fazer outro exemplo. Outro exemplo é escrever uma seleção de palavras ou expressões em faixas de papel e cortá-las ao meio, para mais tarde juntá-las novamente:

IT DOESN'T	CAN'T WAIT	IN THE NECK
WHAT A PAIN	OUT OF	I'LL BE
THE BLUE	FOR THE SUMMER	MATTER
HE GETS ON	RIGHT BACK	MY NERVES

Combinar letras/palavras: selecione duas listas de seis palavras ou frases e uma lista de números de 1 a 6 para cada uma. Jogue um dado duas vezes e tente criar uma frase ou situação que combine as duas partes. Por exemplo, você joga 2 e 5, que correspondem à palavra *accountant* (contador) e à frase *in a hurry*, juntando as duas você pode criar a frase *The accountant was in a hurry to pay his taxes.*

EXERCÍCIO

Escolha uma das atividades nas páginas anteriores: jogo de memória com definições, traduções ou sinônimos; palavra cruzada com 12 palavras e definições; atividade para combinar letras ou palavras. Não esqueça de consultar o vocabulário do seu curso ou de provas antigas.

Gramática

Em muitos exames esta parte está incluída na prova de leitura, com exceção dos exames FCE, CAE e CPE da Cambridge, que incluem uma prova chamada "Use of English".

Mesmo que sua prova não tenha uma seção chamada "gramática", esta faz parte da fundação que precisamos construir para uma comunicação eficaz, pois ajuda a unir os blocos de vocabulário e lhe dar confiança na sua habilidade de se expressar corretamente em diversas situações. Por esse motivo, é um objetivo temporário de aprendizado, *a stepping stone to communication* (uma ponte para comunicação). Antes de pensar nos pontos principais da gramática inglesa, gostaria de oferecer algumas dicas para ajudar na preparação da gramática em qualquer prova ou exame de inglês:

Veja a gramática de um ângulo positivo

Em vez de enfatizar as *diferenças* entre a gramática em inglês e em português, como ocorre em muitos cursos de inglês, saliente as *similaridades*, começando com uma comparação das estruturas equivalentes para entender o quanto os dois idiomas têm em comum. Pode ser uma diferença apenas "psicológica", mas acho importante começar os seus estudos de gramática vendo o copo "meio *cheio*" e não "meio *vazio*". Um exemplo é o tempo verbal Present Continuous (ou Present Progressive) que parece algo meio complicado, principalmente depois de ouvir o professor dar uma lista das situações em que são usadas essa estrutura, até você perceber que é quase igual em português:

1) Uma ação acontecendo no momento de falar:
You *are* reading this sentence.
Voce *está* lendo esta frase.

2) Uma ação temporária, ou que ainda não durou muito tempo:
   She *is* work*ing* in a ski resort for the winter.
   Ela *está* trabalh*ando* em uma estação de esqui durante o inverno.

Sei que provavelmente este tópico da gramática não é novidade, mas o importante é ver como é possível simplificar as partes parecidas para depois priorizar as que realmente são diferentes, um princípio que chamo de *eliminar para concentrar*. No caso do Present Continuous, elimine os dois usos anteriores da nossa "lista de preocupações" para se concentrar no terceiro uso, que é, na verdade, a única diferença entre o uso desse tempo verbal em inglês e em português:

3) Uma ação já planejada *no futuro*, algo combinado com outra(s) pessoa(s):

   We *are leaving* on Tuesday and *coming back* on Friday.
   (Nós *vamos partir* na terça-feira e *voltaremos* na sexta-feira.)

   He's *having* a party on Saturday, so *I'm taking* Eva.
   (Ele *vai fazer* uma festa no sábado, então *vou levar* a Eva.)

Selecione a gramática que precisa estudar

De acordo com sua auto-avaliação no Capítulo 1, o primeiro passo é identificar as áreas de gramática que vão cair na prova, faça isso analisando uma prova antiga ou perguntando à sua professora. Depois faça uma lista ou tabela, junto com um livro de gramática, dos pontos principais de cada área. Por exemplo, comece mais ou menos assim:

Área de gramática	Pontos principais	Tipo de preparação
Past Simple	Regular (-ed → pronúncia), formas negativas e interrogativas, lista de verbos irregulares (incluindo *to be*)	Jogo de memória História com 20 verbos Perguntas e respostas
First/Second Conditional	1st, 2nd e 3rd (e exemplos) Exceções Outras palavras no lugar do *if*	Diagrama para resumir formas Frases sobre o (seu) futuro Criar transformações

Na sua seleção, também é importante pensar de que modo dividirá as áreas em *blocos digeríveis*, ou seja, em partes que aos poucos construirão um conhecimento mais completo. Para fazer isso, é necessário separar os pontos *principais* dos *adicionais*, o que é prioridade na sua preparação e o que é melhor deixar para mais tarde. Não adianta ficar preocupado com o que você não sabe ainda, pois é melhor se concentrar no que realmente precisa saber pelo nível de inglês da prova que vai fazer. Um bom exemplo é o tempo verbal Present Perfect, que muitos alunos acham difícil, mas que pode ser dividido em etapas de acordo com o nível do seu estudo (veja a página 165 para uma explicação mais detalhada):

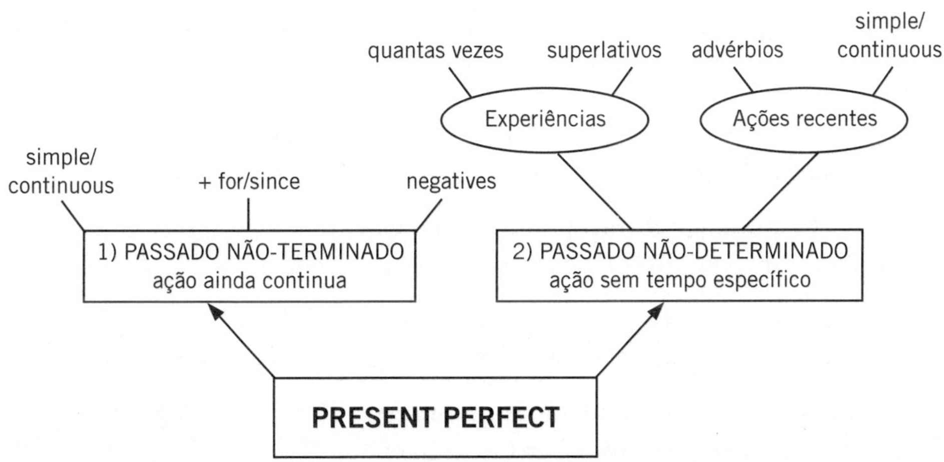

EXERCÍCIO

Faça uma tabela (como no exemplo) para uma das áreas de gramática incluídas na sua prova. Consulte provas antigas, livros de gramática e, se possível, sua professora, para resumir os pontos principais. Tente fazer o máximo que puder, mas é possível também deixar espaço para completar a tabela durante seus estudos.

Formular as suas regras

Como o cérebro geralmente fica mais estimulado quando precisa cumprir algum tipo de tarefa, outra estratégia que ajuda bastante é assumir mais responsabilidade para a *dedução* de regras gramaticais, aumentar sua *autonomia* com uma análise de estruturas comuns. Por exemplo, ao invés de começar com uma regra abstrata e depois aplicar em exemplos, *comece* com vários exemplos e depois tente deduzir as regras baseando-se nas similaridades ou diferenças entre as frases. Às vezes essa distinção é chamada de *bottom up* (de baixo para cima), ao invés de *top down* (de cima para baixo):

Exemplos	**Exemplos**
↑↑↑↑↑↑	↓↓↓↓↓↓
Regras	**Regras**
Aprendizado dependente	*Aprendizado independente*

Para ilustrar, analise um dos pontos da parte anterior, *Conditionals* (Condicionais), ou seja, as frases que começam com "se" ou outra palavra com o mesmo sentido. Os dois primeiros tipos de *conditional* usam estruturas mais ou menos fixas, mas no lugar de simplesmente dar as regras sem contexto algum, vamos ver três exemplos das duas estruturas, todas misturadas:

If I try to work out grammar rules by myself, I'll remember more.
(Se eu tentar deduzir as regras gramaticais sozinho, vou lembrar mais.)

If I had more money, I'd travel all over the world.
(Se eu tivesse mais dinheiro, viajaria pelo mundo todo.)

My wife wouldn't go camping even if you paid her.
(A minha esposa não ia acampar mesmo se pagasse a ela.)

We're only going to have a picnic if it's sunny.
(Nós vamos fazer piquenique somente se tiver sol.)

If you touch me again, I'll kill you!
(Se você me tocar de novo, vou te matar!)

If I failed my English test, I'd study harder next time.
(Se eu for reprovado na prova de inglês, estudarei mais na próxima vez.)

Vamos ver se consegue aproveitar os seus prováveis erros de dedução: primeiro, divida as frases em dois grupos. Uma pista: Quais são os dois tempos verbais em cada frase? Depois, pense por que os dois tipos são diferentes – Em quais situações se usam os dois tipos de condicional? Agora, pegue uma folha, faça uma tabela, complete com os dois tempos verbais usados em cada condicional e a diferença de uso de cada um:

Tipo 1	Tipo 2
If + ____________ + ____________	If + ____________ + ____________
Situações ________________________	Situações ________________________

O tipo 1 é chamado de *First Conditional* e o tipo 2 de *Second Conditional*, mas esses nomes formais fazem muito mais sentido depois que você analisa e compara os exemplos das duas estruturas "em ação". A tabela completa encontra-se na página 170

Da mesma forma, emprega-se uma estratégia de auto-estudo usando exercícios que vêm com as respostas. Em vez de estudar primeiro as regras ou os exemplos da estrutura, experimente olhar primeiro as respostas dos exercícios para depois tentar deduzir as regras baseando-se em uma comparação das respostas.

EXERCÍCIO

Consulte um livro de gramática que tenha uma variedade de exemplos e procure uma área que precise estudar. Comece lendo todos os exemplos e tente deduzir o máximo possível, e anote de uma forma abreviada *antes* de ler as explicações.

Praticando gramática de uma forma eficiente

Depois de estabelecer regras ou padrões, o próximo passo é aproveitar as diversas opções para fixar melhor as estruturas na sua memória de longo prazo. Na prática é possível incluir os seguintes elementos:

Situações reais e relevantes: sempre pense em como vai usar a gramática na prova e pratique com frases, textos e diálogos de acordo com seus objetivos, ou seja, em combinações *prováveis* e não somente *possíveis*. O importante é estimular o seu cérebro utilizando a gramática na forma como ela é usada nas conversas do dia-a-dia – estruturas empregadas para comunicar o tipo de mensagem escrita ou oral que você precisa mandar ou receber. Quanto mais autêntica a sua prática, maior o aproveitamento de cada área da gramática na sua prova.

Tópicos e exemplos personalizados: com referências a pessoas, lugares e coisas que você conhece, mais uma vez para estimular a sua memória por associação. Procure também exercícios do tipo "aberto", aqueles que você precisa completar a maioria de uma frase ou até escrever frases e textos completos, por exemplo:

On Saturdays I usually ______________________________.
I've never ______________________________.
My mum told me to ______________________________.
that______________________________.
How often does ______________________________?

Repetição oral variada: bem como no estudo de vocabulário, a eficiência do seu aprendizado vai aumentar de acordo com o número de vezes que você repete em voz alta estruturas de formas variadas. Experimente com as seguintes atividades:

- Complete a segunda parte da frase ou as lacunas:

  He's been .... living here for two years/teaching since 1992/waiting for half an hour.

  I'm thinking of .... moving to São Paulo/buying a new car/watching a DVD.

  The trip/film/party *was absolutely*.............. fantastic/amazing/terrible/exhausting.

- Repita uma frase, depois troque sua estrutura gramatical – o tempo verbal – de positivo para negativo –, os pronomes – direto para indireto:

  She *finished* last week. → She's *going to* finish next week.

  She *finished.* → She *didn't* finish. → *Did* she finish?

  I *asked* if she *had* finished. → She *said* she *had* finished.

- Repita uma frase somente quando *for verdadeira para você*, ou mude a frase de acordo com a sua realidade. Por exemplo, as frases *I don't have any brothers* (Não tenho irmãos.) e *I'm taking the IELTS in three months* (Vou fazer o exame de IELTS daqui a três meses.) devem ser repetidas ou mudadas para frases como *I have two brothers but I don't have any sisters* ou *I'm taking the TOEFL in two weeks*, respectivamente.

Cartões de papelão ou papel: continuando o sistema que introduzimos na página 33, anote pontos da gramática de forma resumida, por exemplo, com o título ou a pergunta de um lado e a explicação, o exemplo ou a resposta de outro (em inglês ou em português):

Introducing Indirect Questions	Do you know/have any idea...? Can/Could you tell me...? I'd like to know... I don't know/understand... I'm not sure... I have no idea... I asked her... He wanted to know...

Qual é a diferenca entre *so* e *such*?	**SO + adjetivo** So big, so old, so rich, so annoying So much money, so many people **SUCH + (adjetivo) + substantivo** Such a big house, such an old man, such a babe, such cool pants

Continue o processo de auto-avaliação: essa continuidade é parte do processo para aumentar sua autonomia e também estender e analisar suas prioridades por meio de outras estratégias durante sua preparação, como:

- *Coleção de exemplos de gramática*: se você tem uma pasta para o estudo de gramática, adicione amostras de estruturas diferentes de diversas fontes, principalmente de provas antigas, mas também de textos de revistas ou jornais, da Internet, de filmes ou de programas de televisão, de músicas etc. Anote dúvidas que possam ser esclarecidas com um professor ou um amigo, mas o importante é ficar procurando cada vez mais exemplos de gramática em contextos reais para entender melhor como eles funcionam em situações típicas. Para ampliar a sua coleção, selecione um tópico semanal ou mensal, pratique e procure exemplos autênticos de uma área específica da gramática que você tenha dificuldades durante um período fixo.
- *Coleção de erros*: não esqueça de que errar é parte integral do processo, e você precisa sempre procurar aprender com seus erros em vez de ficar chateado e desmotivado. Portanto, é importante sempre guardar seu trabalho corrigido e usar um sistema de correções para mais tarde observar quais são seus erros mais freqüentes. Por exemplo, empregue estes símbolos:*

* Para os símbolos mais usados na correção de redações, veja a página 65.

TV = tempo verbal **SV** = sujeito/verbo **Neg** = negativo

Int = interrogativo **mod** = verbo modal (can, should, might etc.)

Vb = verbo **Sub** = substantivo **Adj** = adjetivo

Prep = preposição (in, at, by etc.) **Art** = artigo (a/an, the)

Prn = pronome (He, them, ours etc) **Con = conjunção (but, so, and etc.)**

Pl = plural **C/U** = countable/uncountable

Se você conseguir usar um sistema desse tipo, faça uma lista de todos os seus erros até agora e modifique seu plano de preparação para dar prioridade à resolução das áreas nas quais tem mais dificuldade.

EXERCÍCIOS

1. Complete as frases da forma mais completa possível:

a) Can you tell me where_________________________?

b) At the weekend, I quite often_________________________.

c) I need to pass this exam because_________________________.

d) In my opinion, the best_________________________.

e) Most of my family_________________________.

f) During my last holidays, _________________________.

Repita as frases que escreveu em voz alta várias vezes, e depois troque o final da frase ou troque para uma outra pessoa, e repita o exercício.

2. Leia as frases a seguir e repita três ou mais vezes as que são verdadeiras para você. Para as que não são verdadeiras, faça uma frase sobre o mesmo tópico, mas que seja verdadeira para você e repita.

I live in a small apartment in the center. → Você repete *ou* muda a resposta para algo como:
I live in a big house in the suburbs. /In fact, our apartment is quite big.

a) I've lived here my whole life.

b) I'm extremely out-going and sociable.

c) My favourite kind of music is rap.

d) I'm married with two children.

e) I'd love to live abroad.

3. Faça cartões de papelão ou cartolina com os resumos de três áreas da gramática, de acordo com sua tabela na página 38.

Conversação

Entre todas as habilidades, geralmente "falar bem" é o objetivo principal de muitos alunos, mesmo quando é preciso usar outras habilidades em uma prova. É fácil entender por que tantas pessoas querem sobretudo conversar com fluência, porque é exatamente por meio dessa habilidade que geralmente se faz uma melhor avaliação do nível lingüístico de uma pessoa. É necessária uma boa preparação por intermédio de estratégias de aprendizado e técnicas de memorização para tornar seu inglês falado mais avançado e mais fluente.

Objetivos realistas ao falar inglês

Deve ser um dos comentários mais comuns de alunos no mundo todo: "Já fiz vários cursos de inglês, mas nunca tive a oportunidade de falar, de praticar a minha conversação (com estrangeiros)." É muito comum o sentimento de frustração e de desânimo com o nosso nível de inglês falado. Não se pode negar que a prática da parte oral de uma prova é um pouco mais complicada, mas gostaria de oferecer uma variedade de dicas e atividades para você se preparar o máximo possível. Para começar, como sempre, é necesário analisar seus objetivos ao falar inglês, em termos de fluência e de pronúncia.

Muitas vezes os alunos têm a impressão de que deveriam falar como um nativo. No entanto, se pensar que grande parte do inglês falado no mundo por não-nativos é falado com *outros* não-nativos (brasileiro com alemão, espanhol com chinês etc.), talvez mude sua perspectiva. Na verdade, um objetivo mais sensato seria o de conseguir *comunicar sua mensagem oral*, sem problemas de entendimento e de forma socialmente aceitável. Mais uma vez, não é preciso ficar sempre pensando em quanto você *não* sabe, mas sim no progresso que está fazendo dentro do contexto da sua prova. Outra sugestão importante é praticar com seus compatriotas – uma maneira válida e útil na preparação para sua prova. Procure parceiros ou grupos pequenos de colegas para praticar a conversação, mesmo que sejam apenas dez minutos, no intervalo ou na hora do almoço, depois da aula ou do trabalho ou no carro, no ônibus ou no metrô.

Falar bem é o produto final de um processo, com etapas diferentes que precisam ser praticadas individualmente, e não adianta pensar que você vai dar um "jeitinho" na hora de fazer a prova. É preciso construir aos poucos sua habilidade, preparando de forma organizada que tipo de assuntos vai falar na prova, com uma variedade de palavras, expressões e estruturas possíveis de serem empregadas para melhorar seu desempenho. Se você praticar bastante antes de falar, não vai parecer tão difícil quando chegar a hora de formar frases sozinho. Mais uma vez, uma auto-avaliação dos seus pontos fortes e fracos vai ajudar na sua preparação. Primeiro, tente identificar o tipo de tópico que geralmente consegue falar bem e quais os motivos para você ficar travado, entrar em pânico ou simplesmente "dar um branco" na sua mente. Isso acontece por falta de vocabulário, tempo insuficiente para formar estruturas corretas, problemas de pronúncia ou ênfase ou simplesmente porque fica muito nervoso. Depois de praticar bastante, faça uma análise mais profunda usando os tópicos a seguir e utilize gravações da sua voz ou feedback da sua professora.

Fluência: Você consegue começar todos os pontos principais da sua mensagem? Perdeu muito tempo por causa de pausas, hesitações e repetições? Está falando muito devagar ou muito baixo?

Linguagem: Você usa o vocabulário apropriado com uma seleção ampla de palavras e expressões? Usa as estruturas corretas, variando as funções diferentes? O estilo é apropriado, nem formal nem informal demais?

Pronúncia: Você tem alguns problemas específicos com certos sons ou certas palavras? A ênfase, o ritmo e a entonação na sua conversa são parecidos com os modelos disponíveis?

Prática variada

Na sua preparação, você deve reconhecer todas as oportunidades para prática oral, e não somente aquelas do tipo "conversação aberta", lembrando da distinção entre *prática* e *liberdade de expressão*. Além das dicas sobre repetição oral, que estão na página 22, aproveite muitas outras formas válidas para se comunicar melhor como:

- *Falar em voz alta*: fale em voz alta tudo o que está estudando, fazendo ou até pensando, com a maior freqüência possível! Não esqueça de que muitas pessoas têm dificuldade em provas de inglês por não praticarem o básico, por não *reforçarem a conexão entre o cérebro e a boca*, fundamental para falar com fluência. Quanto mais você consegue repetir o vocabulário e as estruturas importantes, maior a probabilidade de que tais informações passarão a ser automáticas e faladas sem muito esforço mental. Além das repetições orais de vocabulário e gramática, descreva coisas ao seu redor, traduza coisas que você ouve e repita frases-chave durante o dia (como um tipo de mantra), absorvendo e assimilando mentalmente linguagens importantes a longo prazo. Para quem está fazendo um curso de inglês (ou quem tem amigos ou colegas que falam inglês), lembre-se da importância da interação social em inglês (cumprimentando, falando do seu dia etc.) e de fazer perguntas e dar explicações em inglês, e mantenha a regra de falar somente em inglês na sala de aula (mesmo que seus colegas não façam o mesmo!).

- *Ler em voz alta*: leia em voz alta todos os textos e diálogos que estão nos seus estudos, para acostumar a sua boca com as formas diferentes do idioma e para ter mais prática com as estruturas principais que encontrará na prova. Uma boa estratégia é a "leitura de sombra", lendo junto com a gravação e o texto, tentando seguir o mesmo ritmo e imitando a pronúncia do modelo.
- *Gravar a sua voz*: para uma combinação de prática oral com uma fonte rica de vocabulário e de gramática, não existe nada melhor do que começar a gravar com freqüência um resumo de exemplos, textos e diálogos que estão na sua preparação. Uma boa dica é gravar um "diário falado" (para um amigo de verdade ou imaginário), contando tudo o que fez naquela semana e dando exemplos engraçados baseados nos seus estudos. Pode ser divertido também gravar diálogos imitando as vozes de diferentes pessoas (homem, mulher, criança, velho etc.) e com uma variedade de emoções (medo, raiva, surpresa etc.).

Programas de rádio ou de televisão que tenham situações relevantes para sua prova, também podem ser gravados. Do mesmo modo, pode gravar sua aula de inglês, que pode, apesar de deixar seu professor um pouco nervoso, representar uma maneira excelente de ouvir e imitar as partes principais do seu curso.

Foco na linguagem da prova

Uma parte significativa de qualquer prova oral é previsível em termos do tipo de *palavras e frases* que você vai precisar para responder. Para o resumo completo dos tópicos mais comuns e respostas exemplares, veja as páginas 131 a 143, mas, por enquanto, resumindo os tópicos gerais de que vai precisar na sua preparação podemos citar:

Interagir com examinador/professor: cumprimentar, falar do (seu) dia, de como está se sentindo e de (suas) expectativas, fazer perguntas educadas, despedir-se...

Informações pessoais: sua família, a casa/a cidade/a região onde você mora, o seu trabalho e/ou os seus estudos, atividades no tempo livre, melhores amigos...

Gostos e opiniões: música, filmes, televisão, comida, esporte, pessoas, lugares preferidos, clima, polêmicas (política, meio-ambiente, educação etc.)...

Experiências: estudos, viagens, dias especiais, acidentes ou doenças, prêmios...

Planos para o futuro: trabalho e/ou estudos, casa, família, viagens, idiomas...

Interagir com outro candidato: usar formas interrogativas, dar sua opinião, concordar/descordar, convencer, defender, mostrar surpresa, dúvida, certeza...

Sem dúvida, quanto mais você praticar esses tópicos no formato da prova, mais vai melhorar o seu desempenho em termos de fluência e precisão. Essa parte da prova você pode comparar a uma peça musical ou teatral, nas quais ensaios regulares durante um longo período são essenciais para ter um bom desempenho no dia da prova. Além da prática de muitas frases importantes em voz alta e da gravação das respostas exemplares, posso oferecer mais algumas dicas:

- *Ensaiar na frente do espelho* para dar a impressão de que está conversando com alguém e para ver melhor os movimentos da boca e do rosto. Converse com o cachorro, seu ursinho ou o pôster da celebridade na sua parede! Próximo do dia da prova pratique com tempo limitado, e, se não houver ninguém para ajudar, grave as perguntas e deixe um espaço de tempo (semelhante ao que vai ter na prova) para responder. Tente não deixar espaços muito longos após responder, mas também evite falar depois do começo da próxima pergunta.
- *Arrume um professor, colega, amigo ou parente* para fazer o papel da examinadora (e do outro candidato se houver essa situação na sua prova), para você praticar as perguntas que vai ter de responder. De fato, nem precisa ser uma pessoa que fala inglês, pois você pode preparar as perguntas e instruções em faixas de papel, dividi-las de acordo com as partes da prova oral e pedir para seu ajudante *mostrar* as perguntas em uma seqüência lógica. O importante é ter alguém escutando e pressionado você a responder e simulando as condições reais da prova dentro dos limites de tempo para que se acostume com os processos mentais necessários para manter a fluência.
- *Advogado do diabo*: se conhecer uma pessoa que fala inglês, uma estratégia alternativa mais próxima do dia da prova é pedir para ela desempenhar esse papel, agindo de forma mal-humorada e mal-educada, fazendo várias perguntas inesperadas e exigindo explicações detalhadas. É um pouco assustador no começo, mas vai ajudá-lo a treinar sua habilidade de lidar com o desafio de perguntas e atitudes difíceis.

EXERCÍCIO

Faça um resumo de frases sobre suas preferências, opiniões, experiências e planos (veja as páginas 131 a 143 para modelos). Depois, ensaie na frente do espelho, leia para um colega, amigo ou parente, e finalmente grave um CD ou uma fita.

*Foco em áreas de pronúncia**

Sabemos até certo ponto *o que* você vai dizer na prova oral, mas ainda precisamos pensar em *como* você vai falar. Como melhorar a sua pronúncia para criar uma impressão positiva do seu nível de inglês? Vamos dividir essa área nas categorias a seguir, que devem ser contempladas no seu plano de estudo:

Pronúncia de sons difíceis para brasileiros

th	Início: *think, that, Thursday, then, through* Meio: *brother, either, clothes, something, method* Fim: *both, breathe, earth, health, month, south*
r	Início: *red, really, rent, room, right, run, receptionist, ride* Meio: *tomorrow, arrive, sorry, borrow, married, correct*
-ed (passado regular)	Dois padrões de pronúncia: a) Verbos que terminam em "t" ou "d" = uma sílaba a mais (/id/): *waited* /ueit-id/, *wanted* /uont-id/, *needed* /niid-id/, *ended* /end-id/ b) Verbos que terminam em outra letra = sílaba "engolida": *watched* /uotcht/, *stayed* /steid/, *liked* /laikt/, *studied* /stadid/
/ ʌ /	u: *up, cup, luck, culture, success, butter, mud* o: *Monday, lovely, mother, worried, money, wonder* ou: *young, country, enough, rough, double, trouble*
Vogais longas	/ɜː/: *were, service, circle, surname, earth* /ɔː/: *more, four, boring, floor, surfboard* /ɑː/: *far, heart, start, alarm, marvellous* /ɪː/: *see, please, Portuguese, receive, believe* /ʊː/: *food, choose, juice, new, blue, through*

Pronúncia de palavras difíceis

Uma seleção das palavras cotidianas que os brasileiros mais erram.* Nas palavras de mais de uma sílaba, a ênfase está marcada em negrito:

although /orl**thou**/, *Area* /**é**riã/, *August* /**o**gãst/, *Austrália* /os**trei**liã/, *bought* /bot/, *clothes* /klouthz/, *cough* /kóf/, *cousin* /**ka**zãn/, *cute* /kiut/, *daughter* GB /**dor**tã/, *dining-room* /**dai**ning wrum/, *early* /**er**li/, *earn* /ããn/, *enough* /i**nãf**/, *fruit juice* /frut

* Para uma lista mais extensa, veja em *Inglês que não falha 2 – Pronúncia* (Campus/Elsevier).

djus/, *gloves* /glavs/, *guarantee* /garãn**ti**/, *heard* /rerd/, *height* /hait/, *huge* /ri**udj**/, *laundry* /**lorn**dri/, *lawyer* /**loi**ã/, *lose* /luuz/, *minute* /**mi**nit/, *owe* /ou/, *own(er)* /oun(ã)/, *queue* /kiu/, *parents* /pérãnts/, *receipt* /wri**sit**/, *steak* /steik/, *stomach ache* /stãmãk eik/, *through* /thru/, *tiny* /**tai**ni/, *tired* /**tai**ãd/, *weight* /ueit/, *women* /**ui**min/, *wool(en)* /uul(ãn)/, *world* /uerld/, *written* /**wri**tãn/.

Famílias de pronúncia

Palavras com o mesmo padrão de pronúncia, principalmente sufixos como:

–ate /ãt/ (adjetivo/substantivo): *certificate, immediate, unfortunately, separate, delicate*

–age /idj/ (mais de duas sílabas): *image, luggage, marriage, average, garbage, cabbage*

–able/-ible /ãbãl/: *incredible, unbearable, sensible, valuable, inevitable*

–ought/-aught /GB **ort**/: *bought, brought, caught, taught, thought, fought*

–ight /ait/: *bright, sight, might, fight, light, delightful, frightening*

Ênfase em palavras difíceis – seleção dos erros mais comuns

*Adolescent/**tee**nager, **al**cohol, **ar**chitect(ure), **ar**gue, **Ca**nada, car**toon**, CD **play**er, **com**fortable, **con**sequently, con**trol**, de**vel**op(ment), **ef**fort, **el**evator, **e**mail, em**ploy**ee, engi**neer**, ex**am**, **gov**ernment, ho**tel**, how**ev**er, **in**jured, **in**teresting, **In**ternet, Ja**pan**, maga**zine**, **me**nu, **mid**night, **news**paper, po**lice**, re**frid**gerator, **sig**nature, suc**cess**(ful), **su**permarket, **T**-shirt, uni**ver**sity, va**ri**ety, **ve**getable, **vol**ume.*

Famílias de ênfase – palavras com o mesmo padrão

Substantivos compostos por dois substantivos – ênfase sempre *na primeira sílaba*:

***note**book, **hair**dressers, **bed**room, **sun**glasses, **time**table, **boy**friend, **cheese**burger, **sweat**shirt, **skate**board, **suit**case, **bas**ketball, **room** service, **pan**cake, **cre**dit-card.*

Prefixos – quase sempre sem ênfase:
im- (*im**po**lite, im**per**sonal*), dis- (*dis**hon**est, disbe**lieve***), ir- (*ir**re**levant*), un- (*un**well**, un**hap**piness*), in- (*in**sen**sitive, in**for**mal*)

Sufixos – quase sempre sem ênfase:
-tion (*information, separation*), -sion (*confusion, comprehension*), -cian (*musician, electrician, politician*), -ic (*public, scientific, optimistic*) -ful/less (*useful, helpful, thoughtless*), -ity (quality, creativity), -ism (criticism, Catholicism).

EXERCÍCIO

Faça uma lista dos elementos de pronúncia que apresentam as maiores dificuldades para você, usando as listas nas páginas anteriores, além do seu trabalho e livros de curso. Divida em três partes: sons, pronúncia de palavras e ênfase de palavras. Não esqueça de escrever também a transcrição fonética e de marcar a ênfase correta. Repita tudo da lista várias vezes em voz alta, depois coloque em uma frase simples e repita novamente.

Entonação

É a melodia de um idioma, usada para expressar sentimentos e atitudes. Imitar todas as sutilezas da entonação natural é um processo demorado, porém a diferença principal é que, geralmente, existe mais variedade, mais sobe e desce do que na língua portuguesa. Durante qualquer prova oral é necessário exagerar um pouco a melodia, para dar a impressão de que está bastante animado, especialmente quando está:

- **Fazendo perguntas/pedidos**: *What time does it start?, Can you tell me how to pronounce this word please?, Could you give me a moment to think about it?*
- **Oferecendo**: *Would you like me to tell you about it?, I'll explain if you like.*
- **Reagindo** (de forma positiva): *That's true, exactly what I think., I agree completely., Yes, we had a really great time., I absolutely love it!*

Praticando de forma efetiva a pronúncia

Acima de tudo, durante a sua preparação é essencial *anotar e gravar* com freqüência o som, a pronúncia e a ênfase de todas as palavras que causam dificuldades para você, e depois repetir regularmente com diversos exemplos direcionados para sua prova. Existem outras estratégias específicas que podem ser empregadas na sua preparação:

Aproveitar os modelos disponíveis: músicas com letras, filmes e programas de televisão (com legendas em inglês), CD-Roms, Internet, grupos de conversação. Comece a prestar mais atenção aos aspectos de pronúncia, anotando fatos relevantes para a prova e dúvidas para esclarecer com seu professor.

Isolar e exagerar: pratique na frente do espelho, prestando atenção na posição da boca, dos lábios e da língua na pronúncia de sons específicos. Faça uma prática intensiva de determinado som, palavra ou parte de uma frase, e aos poucos construa uma frase completa. Por exemplo, a palavra *government* = gavã mãnt – *ga*vãmãnt – the *ga*vãmãnt – The *ga*vãmãnt has survived many scandals.

Anotar de uma forma que fique mais fácil para memorizar: primeiro, na forma escrita – é preciso se acostumar a sempre escrever na forma fonética – além de deixar claro a ênfase correta. Veja a página 22 para exemplos.

De acordo com os princípios de memorização que vimos no Capítulo 1, inventar algumas imagens para lembrar da pronúncia ou da ênfase correta em uma palavra é bastante útil:

EXERCÍCIO

Anote na sua agenda um programa em inglês ao qual assistirá no mínimo três vezes por semana, além de filmes aos quais assisitirá sem legendas pelo menos uma vez por semana.

Atividades para prática oral

Mesmo quando está se preparando para uma prova bem séria, existem atividades que são ao mesmo tempo divertidas e produtivas, por exemplo:

- *Gravar um jogo de* "Just a minute" *(Só um minutinho)* – no qual é preciso falar sem pausas ou repetições sobre um assunto específico durante um minuto. Procure tópicos comuns da sua prova e consulte o vocabulário nas páginas 131 a 143. Mesmo que no começo você fale durante apenas 20 ou 30 segundos e que depois vá aumentando, também é válido!
- *Questões do examinador*: escreva em um papel uma mistura de prováveis questões de partes diferentes da sua prova oral, relacionadas a informações pessoais, gostos, opiniões e tópicos comuns, por exemplo:

  What do you do (for a living)?
  Where do you live? Tell me about your family...
  How often do you...(practise sports/go to the cinema/have parties)?
  What kind/type of...(do you like/have/want)?
  What's do you think of...? What's your opinion of...?
  Have you ever... (been to Rio/met a famous person)?

  Corte o papel em faixas e as deixe de cabeça para baixo em cima da mesa, depois pegue uma faixa de cada vez e dê a sua resposta em voz alta. Para facilitar o processo, escreva as respostas também, ou os pontos principais, para lembrar das respostas, mas deixe escondido para olhar apenas depois de dar sua resposta oral. Melhor ainda, faça um questionário com colegas, amigos ou parentes sobre tópicos comuns – rotinas, lazer e esporte, comida e bebida etc. – em inglês quando possível, ou em português para depois traduzir e repetir as respostas.
- *Imagens misturadas*: procure pelo menos quatro imagens de pessoas fazendo coisas diferentes, ou fotos suas ou de revistas. Usando as sugestões na página 134, além do seu dicionário, escreva várias frases para descrever cada imagem. Corte as frases em faixas, misture-as e depois combine-as com as imagens novamente, sempre repetindo duas ou três vezes em voz alta. Finalmente, esconda as frases e descreva cada imagem, tentando lembrar das frases.
- Pratique a habilidade importante de "*comprar tempo*", de usar pequenas frases quando você está formulando sua resposta ou procurando a palavra certa. Prepare algumas perguntas típicas da prova e antes de dar a sua resposta, repita uma frase "vaga", como:

  Let me see/think [now]. (Deixa eu ver/pensar [agora].)
  That's an interesting/tricky question... (É uma pergunta interessante/difícil.)
  How can I put it...? (Como que vou dizer...?)
  Well, as far as I know... (Bem, pelo que eu saiba...)
  I think I need a moment to think about that one. (Acho que preciso de alguns segundos para pensar no assunto.)

- *Se você for fazer a prova com outro aluno*, aumentam bastante as opções, por exemplo:

  (a) *Jogo com tabuleiro/dado*: desenhe em uma folha A3 um tabuleiro simples (retangular ou como uma pista de corrida), dividido em mais ou menos 20 quadrinhos. Escreva em cada quadrinho uma questão (por exemplo: *How often do you eat fast food?*, *Why are you studying English?*, *How do you get to school/work?* etc.) ou um tópico (por exemplo: *my best friend*, *my dream job*, *something I hate doing* etc.). Depois, uma pessoa joga o dado e mexe sua ficha conforme o número jogado. Quando cai em um quadrinho, é necessário responder a pergunta ou falar sobre o tópico o máximo de tempo possível. Outra opção é escrever respostas nos quadrinhos para a pessoa formar a pergunta correta.

  (b) *Vinte questões*: uma pessoa pensa em uma palavra de um tipo específico (pessoa, objeto, lugar, ação etc.), mas não fala. A outra pessoa precisa fazer perguntas para tentar descobrir a palavra, do tipo sim/não (*Is it a person/object/place?*, *Is this person American/a singer/good-looking?* etc.) ou do tipo cujas respostas serão mais amplas (*What does this place look like?*, *What's this thing used for?* etc.).

  (c) *Questionários*: prepare uma seleção de questões sobre um determinado tópico, por exemplo, "Free time": *What do you usually do at the weekend?*, *How many times a week do you...?*, *Why are you interested in...?*, *How long have you been... -ing?* etc. Depois faça as perguntas um para outro e para qualquer outra pessoa que fale inglês.

Ouvindo e lendo

De todas as habilidades em inglês, escutar e ler com proficiência depende muito do tempo investido na prática de exercícios e de atividades. Como o conteúdo de uma prova de compreensão é a área menos previsível do que as outras, é preciso ser exposto a uma seleção maior desse tópico, durante mais tempo, para obter um progresso significativo. Mais uma vez, aproveite todos os recursos disponíveis para escutar e ler mais inglês (veja a página 19), iniciando com algo que gosta de ouvir ou ler em português: uma reportagem em uma revista ou jornal que já tenha lido em português, um filme que tenha assistido dublado ou com legendas em português, um livro paradidático com um tópico de seu interesse, uma gravação do seu curso de inglês que gostou – qualquer coisa para incentivar você a ler ou escutar mais em inglês.

Na hora de escolher textos ou gravações para praticar, considere três questões: É um assunto interessante? É do nível apropriado para mim, nem difícil demais nem fácil demais? Vai fornecer linguagem ou tópicos relevantes para a prova?

Além de selecionar o material com cuidado, aproveite diversas estratégias e atividades para melhorar a sua compreensão do inglês escrito e falado, por exemplo:

- *Analisar seus objetivos para ler ou escutar*: é muito importante lembrar que geralmente não precisamos entender *tudo* quando estamos escutando ou lendo, e que muitas vezes conseguimos entender o *suficiente para os nossos objetivos*. É possível escutar ou ler para captar os pontos principais, ou apenas para encontrar informações específicas. Por esse motivo, é necessário ficar satisfeito com um entendimento parcial, procurando apenas as informações necessárias para responder as questões da prova.
- *Praticar em etapas*: não adianta já começar com exercícios longos, cheios de vocabulário acima do seu nível. Melhor começar com textos ou gravações mais curtas (muitos textos curtos são psicologicamente melhores do que um longo), e com questões mais básicas, e aos poucos ir aumentando tanto a duração quanto a dificuldade do vocabulário e das tarefas. No início, leia ou ouça de acordo com a seguinte seqüência de passos:

  (1) Os tópicos e subtópicos

  (2) A introdução e a conclusão, além de qualquer parte que se destaca, ou um gráfico, diagrama, tabela etc.

  (3) *Leitura*: A primeira e a última frase de cada parágrafo. Cada um geralmente representa um miniargumento, que introduz um tópico, explora e oferece alguma conclusão, e mesmo que perca algo no meio, você vai entender a maioria das informações importantes.

  (4) *Compreensão*: ouça para entender o sentido geral, as informações principais, e aceite que é possível fazer isso sem entender partes extensas da gravação.

  (5) *Preenchendo as lacunas*: lendo ou escutando de uma forma mais detalhada, e construindo um entendimento mais completo. O cérebro vai fazer inferências e previsões baseadas na estrutura que você já criou, porque vai ter uma boa idéia do que vai ler e mais confiança no sentido geral do texto.

Na sua preparação para a prova é muito importante ler e escutar mais do que uma vez. Mesmo em se tratando de nossa língua-mãe, estima-se que consigamos entender e gravar menos que a metade das palavras na primeira vez que as ouvimos ou lemos, então, quanto mais vezes você ouve ou lê, mais vai entender e aprender.

- *Ativar os seus processos mentais*: como já vimos na introdução, o cérebro geralmente responde melhor quando está cumprindo alguma tarefa ou quando há alguma conexão com um conhecimento já existente. Portanto, é possível empregar estratégias para estimular mais esses processos naturais e para aumentar a sua motivação para continuar a ler ou escutar. Antes de começar, espere um momento para *refletir* sobre o tópico, o título ou a manchete e a imagem, se houver – tudo para estimular mais seu interesse no assunto e na tarefa. Às vezes é preciso olhar as primeiras linhas ou escutar o começo da gravação para se ter uma idéia melhor do que está por vir.
- *Fazer previsões*: anote algumas palavras e expressões que você acha que podem surgir (em português também, e procure no dicionário), divididas em categorias prováveis. Enquanto estiver escutando ou lendo, pense no tipo de questão que você faria se fosse um examinador, exatamente para começar a prever um pouco o conteúdo da prova.
- *Procurar referências*: na nossa língua-mãe, as palavras que são usadas para se referir as outras partes do texto geralmente não apresentam dificuldades de compreensão, mas em um outro idioma vale a pena praticar a habilidade de entender as conexões semânticas de certos tipos de palavra:

  This, that, these, those, like that, in that way, because of this
  He, she, it, him, they, her, him, them, mine, your(s), his, hers, its, our(s), their(s),
  Some, many, one, a few, a little, every, each
  Other, another, either, neither, both, such, so, in this way
  The above, the former, the latter, the previous, the preceding
  Below, the following, the subsequent
  (Since) then/that time/period/week/year etc., from then on
  The/this problem, question, situation, issue, topic, subject
  Opinion, view, argument, fact, point

- *Adivinhar o sentido de palavras desconhecidas*: devido ao tempo limitado de uma prova, e também para manter o ritmo que facilita a compreensão, é essencial *reduzir sua dependência do dicionário* (especialmente quando se está lendo). Portanto, precisa treinar sua habilidade de *deduzir o significado* de palavras e frases baseando-se na construção da palavra e no contexto no qual ela aparece. Primeiro, é possível procurar pistas na construção da palavra, separando-as em partes para tentar revelar a raiz. Por exemplo, se a palavra:

Começa com um prefixo* (un- , im-, dis-, re-, mis-, sub-, pre-, trans- etc.)
Termina com um sufixo* (-able/ible, -ous, -ive, -ly, -ment, -ship, -ion etc.)
É uma palavra composta (seatbelt, windscreen wiper, easy-going, filing-cabinet)
É um substantivo feito de um verbo (a get together, a breakthrough, the outcome)
É parecida com outra palavra em inglês ou em português.†

Segundo, o contexto no qual a palavra ou frase aparece é também rico em pistas que podem facilitar o processo de dedução em textos ou gravações. Decida qual é a *função gramatical* da palavra ou expressão dentro da frase, ou seja, se é verbo, substantivo, adjetivo, advérbio, preposição ou conjunção. Depois, resuma o sentido de tudo que vem antes e depois para saber a *função semântica*, como a palavra se encaixa na seqüência do texto. Se ainda não conseguir entender, às vezes vale a pena procurar o sentido da palavra em uma outra parte do texto ou da prova.

Para praticar essa habilidade, pegue um texto de uma prova antiga e sublinhe as palavras que não conhece. Primeiro, use as estratégias anteriores para tentar adivinhar o sentido, ou pelo menos a função gramatical da palavra. Depois confira a definição no dicionário e volte para o texto para procurar outras pistas que revelam o sentido, tanto gramaticais quanto contextuais. Você também pode criar um exercício de múltipla escolha, escrevendo mais três opções para a definição (de preferência usando outras palavras novas) e voltando depois de um tempo para fazer o exercício.

EXERCÍCIO

Procure pistas sobre os sentidos prováveis das palavras sublinhadas nas frases a seguir. Procure no dicionário apenas *depois* de tentar deduzir por si mesmo.

1) *The little girl cuddled her doll lovingly.*
2) *Don't look so glum! Things will get better!*
3) *He was drunk that he was staggering down the street.*
4) *Stop making that terrible din! I'm trying to work!*
5) *The lights were so dim that you couldn't see the food.*
6) *The house is surrounded by meadows full of flowers.*
7) *I was over the moon when I got the job.*
8) *But you promised! I can't believe you let me down!*

---

* Para uma lista de prefixos e sufixos comuns veja a página 185.

† Lembre-se de que, segundo algumas pesquisas, conforme nos ensina Carlos Augusto Pereira em *Inglês para o Vestibular* (Campus/Elsevier), até 30% de um texto acadêmico em inglês são palavras cognatas da língua portuguesa.

- *Resumir e parafrasear*: é uma habilidade importantíssima para responder a muitas questões nas partes de leitura e de entendimento (*listening*), além do planejamento da parte escrita. Na verdade, representa uma mistura de habilidades: é preciso compreender, distinguir argumentos e vocabulário centrais e escrever de uma forma clara, excluindo o excesso do texto. Enquanto você estiver lendo ou escutando (junto com o roteiro), tente anotar os pontos principais ou as palavras-chave, usando palavras diferentes do texto quando possível. Para uma prática mais detalhada, sublinhe todas as frases no texto que são resumidas facilmente, e todas as palavras para as quais você já conhece um sinônimo, e depois escreva o texto novamente.

  O segredo para resumir e escolher bem as palavras-chave é usar abreviações e contrações, ou até o seu próprio sistema de anotações. Tire palavras adicionais, como adjetivos e advérbios, nunca repita (mesmo se o texto repetir) ou invente o que não está no texto. É uma boa idéia fazer um pouco de "aquecimento mental" antes de resumir, pois é uma atividade intensa que precisa de bastante concentração. Aos poucos vá aumentando a quantidade do que está resumindo durante um determinado tempo.

- *Fazer listas de vocabulário comum* nos textos e diálogos da sua prova. Obviamente, há muitas coisas que não são possíveis de se prever, mas ainda existem certas frases e estruturas comuns em textos de leitura ou gravações, principalmente as etapas de um discurso, linguagem formal e colocações (combinações comuns de palavras).

OUTRAS PARTES DE DISCURSOS MAIS FORMAIS
(Veja também conexões semânticas e temporais nas páginas 67 e 68)

Começando	*First of all* (Primeiro de tudo) *To begin with* (Para começar) *At the beginning* (No começo) *Initially* (No início) *From the outset* (Desde o começo)
Introduzindo Tópico (novo)	*One important point is that...* (Um ponto importante é que...) *The main reason that...* (O motivo principal que...) *to focus on/to highlight* (Para salientar) *to emphasize/to stress* (Enfatizar) *Similarly/Likewise*(Similarmente) *In the same way* (Do mesmo jeito)
Dando sua opinião ou exemplos	*In my opinion* (Na minha opinião) *To be honest* (Para ser honesto) [*Speaking*] *Personally* (Pessoalmente) *From my point of view* (Do meu ponto de vista) *For example/instance* (Por exemplo) *Such as* (Como)

Adicionando ou enfatizando	*Actually/In fact/As a matter of fact* (De fato, aliás) *Indeed* (Aliás) *On top of that* (Além disso) *To make matters worse* (Para piorar as coisas) *Not only... but also...* (Não apenas... mas também...)
Mudando de assunto	*Apart from that* (Além disso) *Then there is the question of* (Então há a questão de) *As for* (Em relação a) *When it comes to...* (Quando se está falando em...)
Concluindo	*In conclusion* (Em conclusão) *To conclude/To sum up* (Para concluir) *In summary/In brief/In short* (Resumindo) *To summarize* (Para resumir) *All in all/Overall /On the whole* (Considerando tudo)

EXEMPLOS DE COLOCAÇÕES (Combinações comuns de palavras)

Substantivo + verbo: *the phone rings, a dog barks, a car skids, a plane takes off* etc.

Verbo + substantivo: *lose weight, make a mistake, fill in an application form, watch a film* etc.

Adjetivo + substantivo: *sunny day, ice-cold beer, blonde hair, narrow streets, naughty boy* etc.

Verbo + advérbio: *drive carefully, work hard, climb steadily, sleep badly, speak well* etc.

Advérbio + adjetivo: *absolutely starving, totally lost, unbelievably rich, completely packed* etc.

EXERCÍCIO

Leia o texto a seguir e anote em uma folha as palavras-chave que resumem os pontos principais. Depois escreva tudo novamente em uma folha, usando as palavras e outras abreviações, mas sem olhar o texto:

The well-known chef, Jamie Oliver, was born in 1976 and was brought up in the country near London. His father owned a pub, where Jamie started helping in the kitchen from the age of 5. When he was 18, he went to work in London, where he met his future wife, Jools, who was working as a waitress. After appearing briefly in a documentary about the River Café, Jamie was offered his own TV programme, in which he prepared simple, healthy dishes for friends at his apartment. It soon became popular with a fashionable young audience, and Jamie published several books and appeared in the advertisements for a large supermarket chain. Jamie then opened his own restaurant, where he trained 15 inexperienced teenagers to work in the kitchen. In 2004 he started a campaign to improve the quality of food in state schools, which included a meeting with the Prime Minister, Tony Blair. Apart from cooking, Jamie also enjoys playing the drums in a band with his old schoolfriends.

- *Praticar os aspectos do inglês falado* (apenas para listening): existem diferenças importantes entre o inglês escrito e o inglês falado em uma velocidade natural nas conversas do dia-a-dia. Como parte da sua prática de *listening* é aconselhável que considere os aspectos a seguir:

  A ênfase em frases completas: em inglês, as palavras que carregam as informações principais são enfatizadas, e, por conseqüência, as outras palavras ficam *sem ênfase*, ou mais "*fracas*", como resultado: os sons das vogais mudam para o som de /ə/ (mais ou menos como /ã/ em português). Há muitas implicações para sua compreensão, porque a pronúncia de muitas palavras pode mudar:

  Verbos auxiliares: do → **/dã/**, are → **/ã/**, *was* → **/uãz/**, *can* → **/kãn/**, *could* → **/kãd/**, *have* → **/av/**, *had* → **/ãd/**, *must* → **/mãst/**

  Pronomes: you/your/you're → **/iã/**, *I* → **/ãi/** ou **/ã/**, *her* → **/ã/**, *them* → **/ãm/**

  Preposições: to → **/tã/**, *of* → **/ãv/**, *for* → **/fã/**, *at* → **/ãt/**, *from* → **/frãm/**

  Artigos: a → **/ã/**, *an* → **/ãn/**, *the* → **/thã/**, *some* → **/sãm/**

  Conjunções: and → **/ãn(d)/**, *but* → **/bã(t)/**, *as* → **/ãz/**, *than* → **/thãn/**

EXERCÍCIO

Escreva estas transcrições na forma normal:

1) Uo kainã miuzik dãiã laik?
2) Hiz gãnã hav ã glas ãv uein.
3) Ai dãnou uen ai gotã liv.
4) Bikãz it wudã bin betã.
5) Kãn iã tel mi baut iã famli?

Outras mudanças de pronúncia em conversas rápidas – incluindo:

Sons que desaparecem: principalmente as letras "t" e "d" no final de palavra, quando vêm antes de uma palavra que começa com outra consoante, por exemplo, na frase: *The best part was in the last lesson* ficaria como *The* bes par *was in the* las *lesson*, e a frase: *He told me he had missed the bus* ficaria quase igual: *He* tol *me he* ha miss *the bus*.

Sons que se transferem: quando uma palavra termina em uma consoante e a próxima começa com uma vogal, ocorre uma conexão entre os dois sons. Geralmente acontece com preposições e pronomes, por exemplo, as frases *What's up?* e *Look out!* ficariam como /uã sãp?/ e /lu káut/, e as frases *Found it* e *at eight o'clock* ficariam como /fáun dit/ e /atei tăklák/, sempre com as letras "s", "k", "d" e "t" pulando da primeira palavra para a segunda em uma conversa de velocidade natural.

Sons que mudam: quando uma palavra termina em consoante e a próxima começa com uma consoante, pode-se produzir um som que na verdade não existe. Acontece principalmente com as letras "m", "n" e "d", por exemplo, nas combinações *not me* /n**ó**p mi/, *good morning* /gu**b** moning/ e *can't believe* /car**m**beliv/.

As expressões (semi)fixas e sociais, que são comuns no dia-a-dia, muitas vezes têm uma função social. Refletem a tendência de falar em blocos curtos de linguagem, separados por pausas e linguagem vaga. Por exemplo:

Hey John, haven't seen you for ages. (E aí, John, quanto tempo, né?)
Have a good day/weekend/trip. (Tenha um bom dia/fim de semana/boa viagem.)
So anyway, where was I... ah, yes. (Então tá, onde eu estava...? ah, sim...)
Can you hang a minute, I'll be right back. (Pode esperar um minutinho? Eu já volto.)
Would you mind if I smoked? (Você se importaria se eu fumasse?)

Escrita

Novamente, a sua prática vai depender muito do tipo de inglês escrito que você vai fazer na prova, e é fundamental uma análise das questões mais comuns. Mesmo que as tarefas típicas sejam baseadas em situações reais, pode haver bastante dificuldade porque hoje em dia muitas pessoas não precisam escrever muito no seu cotidiano, com exceção de e-mails e mensagens de texto, ambos escritos de maneira informal e abreviada. O resultado é a artificialidade dos exercícios para a prática da escrita, o que reduz a motivação em escrever bem. Por essa razão, vale a pena aproveitar diversas estratégias para melhorar a qualidade do seu trabalho, como:

- *Praticar com objetivos reais*: comece exatamente com o que você conhece melhor, combinando com um amigo(a), cujo nível de inglês seja similar ao seu, de escrever e-mails ou mensagens de texto em inglês, uma vez por dia, por exemplo. Mesmo que seja uma mensagem relativamente curta e que não tenha ninguém para corrigir seu trabalho, é uma forma fácil de se incentivar a escrever mais em inglês e uma excelente fonte de vocabulário relevante para as outras partes da prova. Para dar a sua prática um objetivo mais específico, use alguns artifícios, como:

  Pen-friends: uma pessoa no exterior com quem você pode se corresponder em inglês. Existem sites onde você encontra pessoas de diversos países, por exemplo, friendsabroad.com, ipfpenfriends.com ou penpalsoline.net. Geralmente, pessoas no exterior têm bastante curiosidade sobre o Brasil, e você pode praticar escrevendo da sua realidade mesmo que seu inglês não seja de nível muito avançado.

  Chat room e *E-groups*: salas de bate-papo em inglês, ou grupos de pessoas com um interesse em aprender aspectos da língua inglesa, como por exemplo, titiplanet.com.

  English diary: no início escreva algo na sua agenda em inglês, depois, passe a recordar coisas do seu dia ou da sua semana – seus sentimentos, impressões, pessoas, lugares – enfim, mantenha um diário em inglês. Uma dica para manter a fluência é, portanto, a motivação, e quando você precisar usar uma palavra que não conhece, deixe um espaço e a procure no dicionário apenas no final.

  English magazine/comic: crie um tipo de jornal ou revista em quadrinhos simples com os seus colegas de sala, ou um pôster sobre um tópico de interesse, incluindo vocabulário e estruturas relevantes para sua prova. Parece brincadeira de criança, mas usar canetas coloridas, cortar e colar imagens de revistas ou fazer desenhos simples também ajudam a tornar mais variada e mais divertida a sua prática da parte escrita.

EXERCÍCIOS

1. Procure uma sala de bate-papo e/ou inscreva-se em uma associação ou *penfriends club.*
2. Escreva três frases em inglês sobre seu dia ou seus pensamentos neste momento. Tente fazer isso quase todos os dias e, depois de um tempo, aumente para cinco frases por dia, depois sete, depois dez...

- *O processo de escrever*: como vimos com as outras habilidades, para conseguir um produto de alta qualidade, você precisa pensar em termos de um processo que vai produzir um resultado. O *desenvolvimento* de uma redação por meio do vocabulário e da gramática apropriados nada mais é do que cumprir as tarefas da prova que você vai ter de fazer. Como essa parte da prova é mais estruturada do que qualquer outra, fica ainda mais importante esse *crescimento gradual.* Todas as etapas são importantes, desde o tópico que pode servir de apoio no momento de "ficar sozinho com uma folha em branco" na prova. Na sua preparação você pode experimentar um sistema de quatro etapas:

			Introduzir				
Tópico e Vocabulário	→	**Plano**	Desenvolver	→	**Adicione Vocabulário**	→	**Adicione Conexões**
			Concluir/resumir				

(1) *Tópico e vocabulário*: leia com muito cuidado o título e as instruções, e anote os pontos principais da tarefa. É uma boa idéia escrever a tarefa em letras maiúsculas no começo, no meio ou no final da folha. Agora, reflita um pouco sobre o tópico e a direção que a sua resposta vai tomar, sempre lembrando para quem está escrevendo e por quê. Depois faça um *brainstorm* bem rápido de qualquer palavra, expressão ou estrutura gramatical que *já conhece em inglês* e que pode ser usada na sua resposta (mesmo que não use todas). Não esqueça de que escrever bem é um equilíbrio entre a necessidade de não errar e de mostrar o seu conhecimento de uma linguagem *variada* em um espaço limitado da prova.

(2) *Faça um plano em partes ou parágrafos*: o próximo passo é planejar em um rascunho a estrutura da sua resposta. Isso depende do tipo de questão, é claro, mas a maioria geralmente se dividide em partes ou parágrafos assim: Introdução do tópico, duas ou três partes para desenvolver a redação e uma conclusão ou um resumo dos pontos principais. Cada parte deve tratar de uma única idéia, com miniintrodução, desenvolvimento e conclusão dela. Entretanto, existe a possibilidade de começar o plano de uma redação no meio, ou até no final, ou seja, depois de decidir o conteúdo e a conclusão da redação, pode-se *terminá-la* com a introdução mais apropriada.

(3) *Adicione vocabulário relevante*: agora você está pronto para pensar onde vai encaixar as palavras e as frases que anotou no começo e durante sua preparação; procure no dicionário ou no livro de gramática se quiser adicionar palavras novas. Também pense se precisará de alguma palavra ou expressão técnica e na formalidade apropriada da sua resposta. Pelo menos durante a sua prática, você tem bastante oportunidade de *experimentar* linguagens novas, de "chutar" e arriscar, em vez de sempre usar linguagem segura ou pensar somente em não errar. Na hora da prova, por outro lado, é necessário sempre dar preferência para vocabulário e gramática em que você tem confiança de estarem corretos.

(4) *Adicione palavras para fazer conexões* entre as partes ou parágrafos: finalmente pense em como vai juntar as partes do seu plano para que seu argumento progrida de uma forma clara e lógica. Vale a pena lembrar que examinadores quase sempre levam em consideração o uso desse tipo de conexão na avaliação de provas escritas, então, acostume-se logo a incluir uma variedade no seu plano.

- *Construir um texto*: com o objetivo de treinar mais o seu uso de *linking words* (conexões), selecione de seis a doze palavras ou frases da página que gostaria de usar – *On the other hand*, *In fact*, *For this reason*, *Therefore* etc. e depois procure algumas questões da parte escrita da prova. Para cada questão, faça um plano de resposta usando, *no mínimo, três itens da lista*, e escreva um rascunho com as conexões em letras maiúsculas. Agora, escreva uma frase inteira incluindo as conexões, tentando resumir de forma clara o ponto principal de cada parte da sua resposta. Mesmo que não tenha tempo para completar e passar a limpo as respostas, providencie uma prática simples e rápida na construção de um texto escrito. Por exemplo, com um tópico do exame FCE:

  "Museums are waste of money."

  (A favor) *Very expensive/more important to use money for...*
  IN ADDITION... few people visit...

  (Contra) *HOWEVER, education/research...*
  FURTHERMORE... tourism, history of nation...

  Uma alternativa que combina com preparação de leitura é procurar no seu livro-texto, em um jornal ou em uma revista (na Internet) uma reportagem curta sobre um tópico de interesse que contenha algumas conexões do tipo que quer praticar. Tire uma cópia, apague as conexões (e outras frases importantes) e escreva em uma folha em ordem diferente, e, no próximo período de estudo, leia o texto novamente e preencha as lacunas na ordem correta. Além disso, procure em provas antigas ou nos modelos disponíveis exemplos de conexões entre as partes de textos, e identifique o tipo de conexão e de palavras ou de frases alternativas que são usadas com o mesmo sentido.

- *Corrigir para aprender*: os erros que você comete representam uma oportunidade para *melhorar no futuro*, e não um motivo para se sentir inadequado ou desmotivado. Portanto, uma parte imprescindível da sua preparação para provas escritas é uma análise regular e detalhada do seu próprio trabalho:
  Antes de entregar o trabalho é essencial lê-lo várias vezes, com um olhar crítico (como se você fosse o examinador corrigindo a prova). Além de fazer correções gerais, procure exemplos na sua resposta de áreas individuais, por exemplo, tempos verbais ou conexões entre os parágrafos.
  Quando receber o trabalho corrigido não olhe apenas a nota e a quantidade de erros, faça uma análise das correções e "colecione" os erros que você persiste em fazer para saber o que ainda precisa estudar mais. Para facilitar a identificação dos seus erros mais comuns é uma boa idéia anotar (ou pedir para o professor anotar) um sistema de abreviações ou símbolos para identificar o tipo de erro, por exemplo:

  Gr = gramática*   Voc = vocabulário   Ort = ortografia
  P = pontuação   OP = ordem de palavras   PE = palavra errada
  ^ = faltando palavra   For/Inf = formal/informal

Nos últimos trabalhos, antes da prova, peça para o professor apenas sublinhar seus erros sem identificar o tipo de erro com símbolos. Desse modo, você vai procurar fazer a correção sozinho. Além disso, pode-se trabalhar com erros de outras formas:

(a) Depois de analisar os erros, escreva as partes relevantes novamente em uma outra folha, ou até a resposta toda, incluindo as correções e outras mudanças que melhoram a sua resposta. Outra opção é apagar os erros com corretivo (depois de anotar as correções em uma folha), e, no próximo período de estudo, preencher as lacunas criadas. Certamente, às vezes você precisará identificar a origem de seu erro, para isso, pode procurar mais informações sobre o tópico e fazer outros exemplos ou exercícios para evitar o mesmo tipo de erro no futuro.

(b) Junte-se com colegas de sala, para corrigir o trabalho um do outro ou para analisar junto os seus erros e discutir maneiras de evitá-los. Trabalhar em grupos é uma forma excelente de incentivar cada componente a escrever mais, a escrever melhor e a comparar técnicas e formas lingüísticas usadas por cada pessoa no grupo.

(c) Compare dois ou mais textos escritos por outros candidatos, analisando os erros e o tipo de linguagem usada e avaliando a qualidade antes de ver a nota. No caso dos exames de Cambridge e de ETS, respostas demonstrativas de vários níveis são disponíveis no *handbook*, no site deles ou em sites dedicados à preparação para exames.

Para uma seleção dos erros mais comuns em provas escritas, veja a página 184.

EXERCÍCIOS

1. Escolha três tópicos de redações da sua prova e faça planos de acordo com o exemplo na página 63. Para exemplos de tópicos comuns para os tipos de redação mais comuns, veja as páginas 101 a 127.
2. Para quem já fez algum trabalho escrito como parte de um curso de preparação, selecione três que já foram corrigidos e use as abreviações na página 65 para identificar seus erros. Depois escreva mais dois exemplos na forma correta e repita várias vezes em voz alta.

- *Estabelecer limites de tempo*: uma coisa é saber escrever uma boa resposta, outra é conseguir fazer isso dentro do tempo limitado de uma prova. Por esse motivo, você também precisa se acostumar a planejar, escrever e avaliar a sua resposta dentro das restrições de tempo. Entretanto, é melhor escrever "livremente" no início, sem olhar o relógio, e depois, aos poucos, começar a reduzir o tempo para completar cada tipo de tarefa; e quando ficar mais próximo da prova, passar a controlar rigorosamente cada etapa. Nos últimos trabalhos antes da prova, você deve escrever de acordo com uma divisão mais específica. Escreva agora quantos minutos é possível gastar nas três etapas:

1) Preparação ______min.	2) Escrever ______min.	3) Revisão ______min.
Escolher o título	Introdução	Correções gerais
Formular idéias	1º parágrafo	(completou a tarefa?)
Organizar estrutura	2º parágrafo	Correções detalhadas
Anotar vocabulário	Conclusão	(erros mais freqüentes)

Para quem tem dificuldade em completar tarefas, outra estratégia é tentar escrever o máximo possível de palavras dentro de um tempo específico. No início utilize apenas dois minutos, depois cinco, depois dez, até chegar no tempo que terá na prova. Dessa maneira, poderá treinar sua habilidade de escrever rápido, sem se preocupar tanto com o conteúdo, e aos poucos poderá desenvolver as suas respostas dentro do tempo definido.

Linguagem em discursos (escritos ou falados)

- *Conexões semânticas*: são as palavras e expressões curtas usadas para mostrar a relação entre partes de uma frase ou entre duas frases. Por exemplo, nas frases *I was hungry, so I had a snack*; *I had a sandwich* and *a glass of juice; I made a mess,* but *I didn't clean up*, as palavras "so", "and" e "but" fazem uma conexão entre as duas partes da frase, cada uma com uma função diferente: "so" mostra uma causa, "and" mostra uma adição e "but" mostra um contraste. Portanto, para simplificar algumas das conexões principais, normalmente elas são divididas em três grupos:

	Entre duas partes de uma frase*	**Entre duas frases**** **(é mais formal)**
SO *(Conseqüência)*	*Because (of)* *Due to ⊢ subst.* *Owing to ⊢ the fact that* *Since/as* *So that*	*Therefore* *Thus* *Consequently* *As a result* *For this reason* *In view of this*
AND *(Adição)*	*As well (+ as doing)* *Also* *Too* *Not only (+ inversão),* *but also…*	*In addition* *Moreover* *Furthermore* *Similarly* *Likewise* *In the same way*
BUT *(Contraste)*	*Although (+ frase)* *Even though* *Despite ⊢ + ING* *In spite of ⊢ + subst.* *Whereas*	*However* *Nevertheless* *Nonetheless* *On the other hand* *In contrast* *Conversely*

---

* Para os símbolos mais específicos usados na correção de gramática, veja a página 44.

** Uma tendência, e não uma regra, pois as palavras mais formais também são usadas entre duas partes de uma frase.

EXERCÍCIO

Preencha as lacunas com uma das palavras/frases na tabela. Depois, pense em uma palavra/frase alternativa com o mesmo sentido e escreva as frases a seguir novamente em uma folha:

1. ________________ *she spent a year in London, her English isn't very good.*
2. *All the flights were cancelled* ________________ *the snow storm.*
3. *Some candidates always arrive late for the exam.* ________________, *they have less time to do the test* ________________ *usually get lower marks.*
4. ________________ *working all day, he studies at university in the evenings.*
5. *He played really well and even won the second set.* ________________, *the power of the world number 1 was too much for him in the end.*
6. *More than 60cm of snow has fallen at the airport in the last 24 hours.* ________________ *all flights have been cancelled until further notice.*
7. ________________ *did he see Brad Pitt, but he also spoke to him!*
8. *To get a well-paid job you need a good university degree and work experience.* ________________, *a high level of English is essential.*
9. *The journey was long and boring,* ________________ *being expensive.*

Conexões temporais

First of all/Firstly (Primeiro de tudo/Primeiramente) (And) then (E daí)
(And) next ([E] Depois) After that/afterwards (Depois [disso])
Following [that] (A seguir) *Subsequently* (Em seguida)
Preceding/prior to (Precedendo) *Previous(ly)* (Previamente)
As soon as/Once (Assim que) No sooner had…, than (Assim que)
On arriving/arrival (Na chegada) *Having done* (Tendo feito)
At the same time (Ao mesmo tempo) *(Just) As* ([Bem] na hora que)
At that time (Naquele tempo/Naquela época) *At that moment* (Naquele momento)
By the time (No momento em que) While (Enquanto)
Meanwhile (Enquanto isso)
From now on (Daqui em diante) Henceforth (Daqui em diante)
Due to do (esperado em um tempo específico)

EXERCÍCIO

Combine as palavras de tempo à esquerda com os seus sinônimos à direita:

1. *At the same time*	a) *Subsequently*
2. *As soon as*	b) *Henceforth*
3. *Following that*	c) *While*
4. *Preceding*	d) *Previous*
5. *From now on*	e) *No sooner*

Capítulo 3

Como se preparar para as questões da prova

É muito importante lembrar que provas de inglês também testam a sua *habilidade de fazer uma prova*, às vezes mais do que a sua habilidade de se comunicar em inglês! Pode ser que a sua prova não reflita totalmente o seu nível de inglês, mas, como provas são por definição arbitrárias, é melhor se acostumar logo e desenvolver um relacionamento amigável com todos os tipos de questões que enfrentará. Neste capítulo, gostaria de apresentar uma seleção das questões que aparecem com mais freqüência em provas e exames internacionais, com explicações, dicas e exemplos para cada uma. São divididas em cinco categorias: vocabulário e gramática, leitura, audição, pronúncia e escrita, e para cada categoria há uma variedade de atividades e exercícios e amostras dos exames para praticar e melhorar sua técnica antes da prova. Há também uma referência para os exames que incluem cada tipo de questão, e, entre parênteses, a parte do exame onde é possível ser encontrado, por exemplo, o *FCE Reading (1) = Cambridge First Certificate Examination*, na primeira parte da prova de leitura. Para um resumo dos exames internacionais mais reconhecidos, veja o Capítulo 5. Para mais prática das questões dos exames principais, e possível consultar sites como onestopenglish.com, flo-joe.com, self-access.com, studygroup.com, languagesystems.com e testmagic.com.

Vocabulário e gramática

Embora sejam áreas diferentes, a gramática e o vocabulário são geralmente testados com questões do mesmo tipo, portanto, é possível empregar estratégias parecidas na prática das duas áreas. Em alguns exames, como FCE, CAE e CPE da Cambridge, há uma parte da prova especificamente para testar essas áreas (a chamada *Use of English*), enquanto em outros exames como IELTS, TOEFL e TOEIC são incluídas na parte da prova de leitura. Os tipos de questões mais comuns são:

Preencher as lacunas ("Gap-filling" ou "Cloze")

***VESTIBULAR, KET** Reading and Writing (5 e 7), **PET** Reading and Writing (5), **FCE** Reading (3) Use of English (1 e 2), **CAE** Reading (3) Use of English (1 e 2), **CPE** Reading (1, 2 e 4) Use of English (3), **IELTS** Academic ou General Reading (1, 2 e 3), **BEC** Preliminary, Vantage e Higher Reading, **TOEIC** Reading (1), **TOEFL** Reading*

O mais tradicional de todos ainda é um grande favorito para testar uma variedade de pontos lingüísticos em provas e exames internacionais. As lacunas aparecem em frases soltas ou textos completos em dois tipos: "aberto", sem nenhuma pista, ou com (quatro) opções entre parênteses ou numerados. Para os dois tipos, vamos aproveitar algumas estratégias para melhorar suas chances de fazer a escolha certa:

Siga os passos:

(1) Leia a frase ou o texto uma vez para entender o *sentido geral*, de preferência em *voz alta* na sua cabeça – para ter uma idéia do ritmo e da ênfase. Não pare para preencher nenhuma lacuna por enquanto. Leia novamente e, se possível, pense em uma palavra para preencher a lacuna *antes* de ver as opções (se houver).

(2) Olhe para as palavras *antes e depois da lacuna* e procure qualquer pista para o *tipo de palavra* que está faltando: verbo, substantivo, adjetivo, advérbio, preposição, conjunção ou pronome. Se ainda não conseguir decidir, uma boa dica é colocar qualquer palavra que faça sentido na lacuna e tentar perceber qual é o tipo de palavra.

(3) Decida o *sentido da palavra dentro da frase* e verifique se sua escolha está na forma correta: o tempo verbal, gerúndio ou infinitivo, plural ou singular, positivo ou negativo. Também pode fazer parte de uma expressão ou uma combinação de palavras comuns, ou pode conter uma pista nas expressões temporais, pelo menos para limitar as opções.

(4) Confira mais uma vez se *a(s) palavra(s) combina(m)* com o resto da frase e do texto e, principalmente, com as frases antes e depois. Para questões de múltipla escolha, selecione apenas uma opção; para respostas discursivas, verifique se escreveu a palavra corretamente. Outra alternativa é escrever as respostas mais duvidosas a lápis e depois checar se combinam com a frase antes de fazer à caneta. Como sempre, faça todas as questões, mesmo que precise chutar!

Quando estiver em dúvida, tente *eliminar* respostas erradas, ou faça um tipo de *ranking* para escolher a mais provável. Além disso, aí vão dicas para ajudar você a chutar bem:

(a) Duas respostas parecidas ou duas respostas opostas, há bastante probabilidade de que *uma* seja correta.

(b) Respostas que incluem quase as mesmas palavras, mas também palavras que quantificam a resposta (por exemplo: *very*, *extremely*, *rather*, *quite*, *most*, *all*, *some*, *none* etc.), muitas vezes *uma* delas é a correta.

(c) Confie nos seus instintos. Muitas vezes a resposta que "parece certa" à primeira vista é a correta. Repita em voz alta novamente todas as opções para ver qual combina melhor ou soa melhor ao seu ouvido.

(d) Não se preocupe se houver uma seqüência de respostas com a mesma letra, porque é comum os examinadores utilizarem esse sistema para terem certeza de que quem acerta as respostas faz por causa da sua compreensão e não por sorte.

(e) Às vezes você pode achar a resposta para uma questão em outra parte da prova, então, fique atento para outros exemplos de vocabulário ou de estrutura principal da questão.

- *Identifique as áreas de gramática e de vocabulário* mais testados na sua prova, tipicamente preposições, pronomes e verbos auxiliares. Sempre procure a área na qual acha que produzirá a resposta, e tente fazer um resumo rápido de tudo o que estudou nessa área, antes de formular sua resposta. Para ajudar sua preparação, veja o resumo dos pontos de gramática principais nas páginas 165 a 188.
- *Praticar com pistas adicionais*: no início da sua preparação, verifique as respostas e escreva a primeira letra da palavra, ou até uma parte da palavra, nas lacunas. No próximo período de estudo, volte ao exercício e preencha as lacunas usando as pistas, mas sem olhar as opções, para ajudar a desenvolver mais as suas técnicas de dedução. Talvez ache muito fácil, mas começar dessa maneira aumentará sua compreensão do texto em geral, além de proporcionar mais confiança quando você começar a fazer os exercícios sem as pistas.
- *Crie os seus próprios exercícios*: selecione um texto de nível e tamanho apropriados e retire (por exemplo) vinte palavras, com variações no seu tipo e na forma em que aparecem (tempo verbal, plural, negativo etc.). Quando você voltar ao exercício, preencha as lacunas, sempre pensando no sentido e na forma da palavra. Pode demorar um pouco mais criar um exercício de lacunas, pois isso representa uma oportunidade de você se acostumar com o relacionamento entre as partes de frases e textos, além de combinar com sua prática de leitura.

Para dicas sobre exercícios de múltipla escolha (com lacunas), veja página 81.

QUESTÕES TÍPICAS DOS EXAMES INTERNACIONAIS

Preencha as lacunas no texto e nas frases a seguir, de acordo com os passos e as dicas da página 72:

The oldest picture postcard ___*was*___ sold yesterday to a European businessman. The card, which sold for more (1) ________ £31,000, was dated 1840. It was addressed to a man called Theodore Hooke, (2) ________ lived in Fulham, London. He was a novelist and playwright and was well known (3) ________ the time for his sense (4)________ humour. The picture on the card is a cartoon showing a group of post office workers with pens in (5) ________ hands sitting around an enormous inkwell. It was printed in black and white, but had (6) ________ coloured in (7) ________ hand. Experts thinks that Hooke may have posted the card to himself for (8) ____________ own amusement.

The card was discovered last year by Edward Proud, a historian who specialises in the history of the postal service. Up to (9) __________, it had been thought that (10) __________ postcard was either an Austrian, German (11) __________ American invention and that the first one was sent during the 1860s. However, the discovery of Hooke's card has proved that postcards were (12) __________ fact invented at least 20 years earlier than (13) __________. "We know that Hooke claimed to (14) __________ invented the picture postcard", said Mr. Proud, "and this discovery suggests that his claim could well (15) __________ true."

(New FCE Gold – Longman)

1. While the stock ________ the staff worked in the evenings.
a) has been checked b) was checked c) check d) was being checked

2. ________ the end of year results were published, the managers got thier bonuses.
a) Because b) When c) While d) If

3. The software developers ________ investigated the latest problem
a) have already b) are just c) still d) have yet

4. The report showed that overall prices are up 3.1% ________ 12 months
a) since the last b) during the last c) in the following d) periodically over

5. First quarter revenue ________ $45.1 billion from 44.7 billion a year earlier
a) rose to b) increased c) declined from d) expanded at

(TOEIC Sample)

Transformando ou completando frases
***KET** Reading and Writing (8), **PET** Reading and Writing (6), **FCE** Use of English (3), **CPE** Use of English (4), **IELTS** Reading, **TOEFL** Reading*

No primeiro caso, preciso escrever uma frase de uma forma diferente, mas mantendo o sentido da frase original, por exemplo:

My car was cheaper than his.
*His car*__________________.
(Resposta: *was more expensive than mine*)

No segundo, é a mesma idéia, mas sem a primeira frase, apenas completando uma frase com o vocabulário apropriado e as estruturas gramaticais corretas, por exemplo:

I'm looking forward __________________.
(Respostas exemplares: *to seeing you soon/to my new job*)

São usados principalmente para testar os pontos de gramática grandes e pequenos, que estão nas páginas 165 a 188 e, novamente, há uma série de passos lógicos na formulação de sua resposta:

(1) Leia a(s) frase(s) e identifique *o que está sendo testado*: qual área de gramática ou vocabulário é o foco da frase original. Nos exemplos anteriores, o foco da primeira frase seria "comparativos para adjetivos curtos" (*cheaper than*) e, na segunda, o verbo *look forward to* deve ser seguido por um verbo com *-ing* ou por um substantivo.

(2) Decida qual parte da primeira frase está faltando na segunda (ou o que está faltando no final da frase), e depois faça um checklist mental de tudo que estudou nessa área, pensando em outras formas de expressar o sentido da frase original. No primeiro exemplo, falta o comparativo com *than*, então é preciso lembrar das duas formas de comparativos em inglês, para adjetivos curtos e longos (veja página 174). Também é preciso ficar atento aos pronomes possessivos e mudar *his* para *mine*.

(3) Escolha a forma correta e verifique se ela combina *exatamente* com a frase original. É muito comum candidatos conseguirem transformar ou completar a estrutura principal, mas, por falta de atenção, mudam algum detalhe desnecessariamente. No exemplo, seria importante prestar muita atenção na forma gramatical das palavras – o tempo verbal, gerúndio ou infinitivo, plural ou singular, positivo ou negativo etc. – além da ortografia.

QUESTÕES TÍPICAS DOS EXAMES INTERNACIONAIS

1. Complete the second sentence so that it has a similar meaning to the first sentence, using the word given. Do not change the word given. You must use between two and five words, including the word given. Here is an example:

It was a mistake for the company to install the new computers.
The company ______________________________ the new computers. **(should)**
Answer: *should not have installed*

a) She regrets spending all her savings on that car.
She wishes ____________________ all her savings on that car. **(she)**

b) I'm afraid I don't have time to go shopping.
I'm afraid ____________________ to go shopping. **(too)**

c) I'd rather you made less noise.
Would ____________________ much noise. (**mind**)

d) By the time arrived, nearly all the seats had been taken.
There____________________ left by the time we arrived. (**seats**)

e) She isn't trying to solve her problems at all.
She____________________ solve her problems. (**effort**)

(**FCE Handbook**)

2. You must use between **three** and **eight** words including the word given:

a) The price of computers has fallen significantly in the last 5 years.
There has____________________ computers in the last 5 years. (**fall**)

b) I'd prefer you not to smoke in the car, if you don't mind.
I'd rather ____________________ the car. (**whilst**)

c) They think that John's sister stole the money.
John's sister ____________________ the money. (**suspected**)

d) The old railway station is now a museum.
The old railway station ____________________ museum. (**turned**)

e) As soon as it was published in translation, the book became a best-seller.
No sooner ____________________ than it became a best-seller. (**published**)

(**CPE Sample**)

Construindo palavras

***KET** Reading and Writing (6), **FCE** Use of English (5),*
***CAE** Use of English (3), **CPE** Use of English (2)*

No caso dos exercícios que é preciso construir uma palavra a partir da raiz para combinar com o resto de uma frase, por exemplo:

She sent me an ____________________ *to her party.* (**invite**)
I filled in the form ____________________ *and had to do it again.* (**correct**)

Na hora de escolher a sua resposta, divida-a em três etapas:

(1) Leia a frase para saber o sentido geral, *em voz alta na sua cabeça*, para sentir mais o ritmo.

(2) Identifique o tipo de palavra que vai construir – verbo, substantivo (concreto ou abstrato), adjetivo ou advérbio? No primeiro exemplo, a pista é a palavra *an*, que está antes da lacuna, porque, por você ter conhecimento de que essa palavra precede um substantivo, já sabe que a resposta tem de ser o substantivo de "invite". Se você estiver em dúvida, é possível colocar qualquer palavra que faça sentido na frase e depois pensar que tipo de palavra é; por exemplo: *She sent me* a letter/an email/a bomb, o que neste caso deixa mais claro que está procurando um substantivo. Às vezes vale a pena traduzir o resto da frase para o português, pois pode ajudá-lo a encontrar a resposta.

(3) Qual a forma da palavra de que vai precisar: positiva ou negativa, singular ou plural? Lembre-se de que às vezes é preciso adicionar um prefixo, um sufixo ou os dois. Por exemplo: POSSIBLE – impossible – impossibilities; HAPPY – unhappy – unhappiness. No segundo exemplo, está procurando o advérbio de correct – correctly, mas como a pessoa teve de fazer de novo (do it again), sabe que *não* fez corretamente – incorrectly.

(4) A palavra escolhida combina com o sentido do resto da frase? Leia com cuidado para ter certeza de que sua palavra se encaixa bem, e verifique a ortografia. Se está em dúvida entre duas ou mais possibilidades, confie na sua intuição e tente lembrar se já ouviu uma combinação de palavras semelhantes em algum lugar.

Primeiro, durante os seus estudos acostume-se a recordar famílias de palavras, baseando-se nas formas diferentes que vêm de uma raiz (por exemplo, *friend*, *friendly*, *unfriendly*, *friendship*, *friendliness*) ou nos prefixos ou sufixos (como *friendship, relationship*, *partnership*, *membership* ou *unfriendly*, *unbearable*, *unavoidable*). Em um texto de prova, sublinhe alguns verbos, substantivos e adjetivos essenciais. Depois procure no dicionário outras formas dessas palavras e as anote em forma de tabela ou "lagosta":

It was *widely* thought to be the most *successful* campaign of all time.
The *competition* has been extremely *exciting*.
He's always been had a keen *interest* in *photography*.

Substantivo	**Adjetivo**	**Advérbio**	**Verbo**
width	wide	Widely	widen
success	successful	successfully	succeed (in doing)
competitor/ competition	competitive	competitively	compete
excitement	excited/exciting	excitedly	excite

	photographic		To be interested in/interesting
PHOTO	photographer/Photo(graph)	INTEREST	(to show) interest in
	photography		to interest sb [???]

QUESTÕES TÍPICAS DOS EXAMES INTERNACIONAIS

1. There are ______________ good reasons why we should not forget the ______________of eating plenty of bread. Bread contains nearly allthe protein needed for children's ______________ and for adults to stay fit and well. We can get a ______________ of our daily protein ______________ from just 6 slices of bread.

VARY
IMPORTANT
GROW
THREE
REQUIRE

(FCE Handbook)

2. For many people, Ludwig Van Beethoven is the most ____________ figure in the history of western classical music. His ______________ talent was already evident as a young man, ______________ surviving a somewhat unconventional ______________ during which his eccentric father would force him to take music lessons in the middle of the night.

INFLUENCE
ORDINARY
MERCY
BRING

(CPE Handbook)

Correção de erros

***FCE** Use of English (4), **CAE** Use of English (3), **BEC** Vantage e Higher Reading, **TOEIC** Reading (2)*

Estes são exercícios para identificar as partes incorretas de uma frase ou um texto, geralmente com duas formas: no exame FCE é preciso identificar as palavras *adicionais* em um texto curto, e nos exames TOEFL e TOEIC é preciso decidir qual das quatro partes de uma frase *não* é a correta. Nos dois casos, é possível seguir estes passos:

(1) Leia cada frase (do texto) duas vezes para entender o sentido geral e resista à tentação de ler somente uma linha ou uma parte da frase. Sublinhe qualquer parte da frase que pareça estranha ou supérflua à primeira vista.

(2) Analise a frase palavra por palavra, prestando atenção especialmente aos tempos verbais, verbos auxiliares (*do*, *will*, *am*, *have* etc.), preposições (*in*, *at*, *on* etc.), artigos (*a*, *the*, *some*), pronomes (*she*, *her*, *ours* etc.), plurais, adjetivos e advérbios. Tente lembrar de tudo que você aprendeu sobre cada área gramatical e observe se as palavras na frase combinam com as regras.

(3) Depois de corrigir o erro, leia a frase novamente para conferir o que está correto na nova forma.

Além das dicas sobre autocorreção na página 65 e os erros mais comuns em redações na página 186, é necessário praticar com exercícios de provas antigas, sempre identificando a área de gramática ou de vocabulário que é o foco de cada erro. Mais uma vez, para facilitar o processo no início, analise primeiro os exercícios *com as respostas* e, depois de ficar mais acostumado com os erros mais comuns, faça mais exercícios sozinho. Outra opção é escrever frases exemplares de áreas importantes de gramática e de vocabulário, mas com erros pequenos (de preferência baseados em erros que você costuma cometer), os quais, no próximo período de estudo, possam ser corrigidos como um exercício da prova. Para quem tem um parceiro de estudo, façam a correção do trabalho um do outro, ou escreva frases com erros mais comuns para o outro corrigir.

QUESTÕES TÍPICAS DOS EXAMES INTERNACIONAIS

1. Each sentence has four words or phrases underlined. The underlined parts of the sentence are marked (A), (B), (C), (D). You are to identify the one underlined word or phrase that should be corrected or rewritten.

   Instability in the government has led to a lower in the growth-rate of the economy.
   Because the workers accept a pay cut, they may find themselves without jobs.

   (TOEIC Sample)

   Because of their size, dachshunds are less expensive to feed, more easy to train, and more congenial than Great Danes.

   Having weekly family talks can be an important means of exploring sensitive family issues, redefining sibling relationships, and to foster new familial bonds.

   (TOEFL Sample)

2. In **most** of the lines of the following text, there is **one** unnecessary word. It is either grammatically incorrect or does not fit in with the sense of the text. The first two lines are examples:

   a) Japanese sumo wrestling is generally considered to be one of the ✓
   b) oldest organised sports on earth. Men have been ***made*** fighting each
   c) other in the wrestling ring for more over a thousand years, and four
   d) hundred years ago, wrestlers were to be found throughout Japan. The
   e) organisational and structure of the sport began in the 1680s, with
   f) most of the basic rules remaining largely unchanged ever since. The
   g) ring itself is considered a sacred place, and even for this reason,
   h) wrestlers must throw a handful of some salt into it before they may start fighting.

   (CAE Handbook)

Leitura

Dicas gerais para todos os tipos de questões

- *Leia as instruções com muito cuidado.* Depois, leia o primeiro e o último parágrafos, e a primeira linha dos outros parágrafos (que geralmente indicam o tópico), prestando atenção nas palavras ou frases usadas para fazer conexões entre as partes do texto. Não procure entender tudo de uma vez – lembre-se de que é a compreensão *geral*, e não a *total*, que está sendo testada.
- *Leia todo o texto "em voz alta na cabeça"* e tente formar uma imagem mental do que está lendo. Feche os olhos de vez em quando para resumir na sua cabeça o que acabou de ler.
- *Não tente entender todas as palavras*: tente adivinhar palavras desconhecidas (veja página 56) e observe se elas aparecem em outro contexto e em outra parte do texto ou se há alguma explicação, sinônimo ou oposto dentro do texto.
- *Resuma o texto*: sublinhe palavras e frases importantes ou difíceis, marque partes do texto relevantes a uma determinada questão e faça anotações ao lado do texto.
- *Deixe as partes do texto e as questões mais difíceis por último.* Melhor não desperdiçar tempo e correr o risco de não ter tempo suficiente para completar outras respostas mais fáceis no final da prova. Marque com um símbolo ou com caneta colorida e volte no final, se houver tempo.
- *Verifique todas as suas respostas*: procure novamente a parte do texto relevante e confira se combina com a sua resposta e se não está caindo em armadilhas típicas (resumidas na página 86).

Múltipla escolha ou falso e verdadeiro
VESTIBULAR, KET *Reading and Writing (2, 3, 4 e 5),* ***PET*** *Reading and Writing (1, 3, 4 e 5),* ***FCE*** *Reading (2),* ***CAE*** *Reading (2),* ***CPE*** *Reading (1, 2 e 4),* ***IELTS*** *Reading,* ***BEC*** *Reading (and Writing),* ***TOEIC*** *Reading (1 e 3),* ***TOEFL*** *Reading*

Continuam sendo as formas mais usadas para testar a compreensão de textos escritos e falados, principalmente as questões de múltipla escolha com quatro opções ou a criação de um resumo de algumas partes do texto. Mais uma vez, a maneira como você vai enfrentar as questões faz bastante diferença na qualidade das suas respostas, e existem estratégias gerais e específicas que podem ser empregadas. Primeiro, os passos:

1) Leia a primeira vez para entender o sentido geral, os pontos principais. Tente não se preocupar muito com o que *não entendeu*, e se concentre no lado positivo de tudo o que *entendeu*. Quando possível, aplique as estratégias para adivinhar o sentido de palavras ou frases desconhecidas, além de sublinhar palavras-chave e fazer anotações rápidas.

2) Leia as questões com calma, mas *não as opções*, e depois selecione as partes do texto que você acha relevante para cada uma. Tente responder as questões *com suas palavras*, parafraseando, e não simplesmente repetindo frases e palavras do texto. Agora, leia o texto novamente, focando-se nas partes selecionadas para considerar a questão e as opções.

3) Depois de formar uma resposta com suas palavras, observe as opções dadas na prova para ver qual é a mais parecida com a sua resposta (em vez de ver primeiro as opções e depois procurar a resposta certa no texto, pois pode confundir mais). Se você ficar em dúvida entre duas respostas, o importante é, no mínimo, *eliminar as respostas erradas* ou marcar as opções *mais prováveis* antes de fazer sua escolha. Se ainda não souber a resposta, use as dicas na página 73 para "chutar" melhor!

QUESTÕES TÍPICAS DOS EXAMES INTERNACIONAIS

• NOTICE

If you are unable to work because of an extended illness or injury that is not work-related, you may be entitled to receive weekly benefits from your employer or the firm's insurance company.

* To claim benefits, you must file a claim form within 30 days of the first day of your absence from work.

* Before filing the claim, you must ask your doctor to fill in the doctor's statement on the claim form, stating the period of absence.

1. To whom is this notice addressed?

A Employers **B** Doctors •**C** Employees **D** Insurance agents

2. When must the claim form be filed?

A On the first of the month **B** On the thirtieth of the month

C On the first day of disability •**D** Within 30 days of the start of disability

3. What must be done before the claim can be submitted?

A The employees company must be notified **B** The form must be duplicated

C A government agency must be contacted •**D** A doctor's statement must be completed

(TOEIC Sample)

Thomas and Inger, who live in Sweden, are the happiest couple in the world. Two years ago, they were on a boat a few kilometres from the beach. Thomas asked Inger to marry him and he gave her a gold ring. He wanted to put the ring on Inger's finger, but he dropped it and it fell into the sea. They were sure the ring was lost forever.

That is, until last week, when Mr. Carlsson visited them. He has a fish shop and he found the ring in a large fish which he was cutting up for one of his customers. The fish thought the ring was something to eat! Mr Carlsson knew that the ring belonged to Thomas because inside the ring there were some words. They were, "To Inger, All my love, Thomas". And so Mr Carlsson gave the ring back to them.

Inger now has two rings. When they lost the first one, Thomas bought Inger another one. But they think the one the fish ate is the best one.

Choose the correct answer for each sentence:
A Right **B** Wrong **C** Doesn't say

Thomas and Inger's home is in Sweden.
Thomas asked Inger to marry him when they were on a boat.
Thomas put the gold ring on Inger's finger.
They returned from their boat trip without the ring.
Mr Carlsson often visited Thomas and Inger.
Mr Carlsson caught the fish.
Mr Carlsson found the ring when he ate the fish.
Thomas and Inger prefer the first ring.

(KET Handbook)

Respostas escritas

VESTIBULAR, IELTS Academic ou General Reading, TOEFL Reading

1) Leia a primeira vez para entender o sentido geral, depois leia as questões cuidadosamente. Leia novamente, e procure no texto *as partes relevantes* para cada questão, sempre pensando em palavras/expressões com o mesmo sentido que a questão.

2) Escreva as suas respostas, tentando não repetir diretamente do texto, mas sim resumindo em outra palavras as partes relevantes. Deixe as mais difíceis em rascunho, se puder, ou deixe em branco, e se concentre nas outras questões.

3) Cuidado para não ficar tão preocupado com a resposta certa e esquecer de conferir a gramática, a ortografia e a pontuação das suas respostas. Confira também se usou o número certo de palavras.

4) Verifique se suas respostas combinam exatamente com cada questão; é essencial deixar um tempo para confirmar se escreveu a resposta certa e também para completar as questões que deixou por último.

Para respostas escritas longas ou resumos do texto, leia as instruções e *faça um mini plano* com anotações das partes relevantes, e depois pense nas palavras que usará para *conectar as partes* da sua resposta (veja página 67). Tome cuidado para não adicionar suas próprias idéias; apenas complete a resposta, sempre restringindo esta às informações pedidas na questão.

Text 6: Pre-Testing Vocabulary

I – No **text 6** o título é extremamente indicativo do que você vai ler. O que significa a forma verbal **assists**?

Text 6: Brazil assists Peru in combating malaria

Manaus – Known as the Vale do Javari Task Force, and coordinated by Brazil's National Health Foundation (Fundação Nacional de Saúde – Funasa), a group of 26 health agents have reduced cases of malaria to almost zero since July in an area in the Amazon rainforest near the borders of Colombia, Peru and Brazil. The Brazilian part of the area is the municipality of Atalaia do Norte. The whole area is populated by more than four thousand Marubo Indians.

The task force was set up to respond to an emergency situation and when it went into action on July 21, no less than 631 Indians had malaria. Today exactly one Indian has malaria in Atalaia do Norte. Also actively participating in the task force are representatives of the state (Amazonas) Health Vigilance Foundation (FVS), the Brazilian army and the Coordination of Indian Organizations in the Brazilian Amazon. It seems the problem is truly international. Besides the Indians, emigrants from Colombia have been infected with malaria when they move into the Javari Valley looking for work. "The location is a malaria transmission center, especially in the Peruvian area," explains Ligia del Pilar Perez, who works with Vector Transmitted Diseases. "The region has difficulties in diagnosing, treating and controlling the disease." Perez explains that Peru is paying the expenses of the task force at the moment, but she believes other members of the Amazon and Andes community, such as Venezuela and Ecuador, should join the effort. "All the countries involved have funds from the Pan-American Health Organization to combat malaria. They should use those funds in the Javari Valley region." (By Thaís Brianez, Reporter *Agência Brasil*, translator: Allen Bennett) [access: 24/08/2005]

II – Busque no texto locuções / expressões correspondentes a:

1. força tarefa ____________________
2. vigilância sanitária ____________________
3. representantes estaduais ____________________
4. Amazônia brasileira ____________________
5. exército brasileiro ____________________
6. problema verdadeiramente internacional____________________
7. foco de transmissão de malária ____________________
8. controle da doença ____________________
9. comunidade andina ____________________
10. combater a malária ____________________

READING COMPREHENSION QUESTIONS

Responda, em português, as questões de 1 a 3:

1. Que fato notável ocorreu na municipalidade de Atalaia do Norte?
____
2. A que se refere o número 631 no texto?
____
3. O que a repórter declara sobre o Equador e a Venezuela?
____
4. Procure no text 6 palavras ou expressões que, na qualidade de marcadoras do discurso dão idéia de:
   a) **acréscimo:** ____________________
   b) **oposição:** ____________________
   c) **exemplificação:** ____________________
   d) **tempo:** ____________________

Responda, em inglês, as questões 5 e 6.

5. With reference to malaria write down three difficulties authorities are facing in the Javari Valley region.
____
____
6. Where does the money to combat malaria in the region come from?
____

Armadilhas: respostas que tentam confundir ou distrair o candidato

(a) Opções que contêm palavras que aparecem no texto mas são usadas *de forma diferente*, principalmente por causa do:
Tempo verbal: She's *visiting* to London. ↔ She's *visited* London.
Sujeito: *They* enjoy watching. ↔ *He* enjoys watching.
Tempo: They're going *next week*. ↔ They're going *in 2 weeks*.
Verbo modal: You *must* write in pen. ↔ You *should* write in pen.
Positivo e negativo: She *doesn't* like reading. ↔ She *does* like reading.
Sufixos e prefixos: He's quite *sensitive*. ↔ He's quite *insensitive*.
Sentido diferente: We went *shopping*. ↔ We went to the *shopping centre*.

Para não cair nessas armadilhas, é ainda mais importante seguir o passo 2 visto anteriormente, ou seja, resumir sua resposta com outras palavras *antes* de ver as opções.

(b) Outras opções que *exageram informações do texto*, muitas vezes por palavras de quantidade ou freqüência, como *some*, *all*, *many/much*, *most*, *everybody/one* ou *no*, *none*, *never*, *always*, *sometimes*, *usually*, *rarely*, *seldom* e *hardly ever*.

Some of the people agreed. ↔ *None* of the people agreed.
He works *all* of the time. ↔ He works *most* of the time.
She *never* makes mistakes. ↔ She *hardly ever* makes mistakes.

(c) Às vezes a alternativa é usar uma palavra ou frase que *apareça em outra parte* do texto, mas que não combine com a questão. Por esse motivo, é muito importante sublinhar as palavras relevantes para cada resposta e conferir, no final, se suas respostas realmente combinam com o texto. Um bom exemplo é a primeira questão sobre o texto na página 94, que inclui duas opções erradas por causa da posição no texto.

(d) Uma opção que pode ser verdadeira ou até ter lógica, mas que inclui *informações que não se encontram no texto*. Mesmo assim, não esqueça de que às vezes você pode eliminar uma opção simplesmente porque ela não é muito lógica ou não faz muito sentido no contexto, mesmo sem ler ou escutar o texto.

Atividades para praticar

Usando as respostas: pegue um texto de uma prova antiga com questões de compreensão com respostas. Para cada questão, sublinhe a parte que mostra qual opção é a correta, de preferência usando uma cor diferente. Agora, sublinhe as partes que são passíveis de confundir ou distrair, usando outra cor. Depois, faça o mesmo exercício, mas sem as respostas, e, à medida que sua confiança for aumentando, vá diminuindo o número de questões que você faz sem as respostas.

Escrevendo perguntas exemplares: em combinação com sua prática de leitura e a formação de formas interrogativas, é bom adquirir o hábito de criar questões de compreensão que provavelmente encontrará na prova. No início crie questões mais básicas, e aos poucos comece a imaginar opções de múltipla escolha, para entender melhor como podem enganar você com opções parecidas, mas não corretas.

Resumindo (em outras palavras): primeiro, sublinhe as frases principais em um texto da prova e tente escrevê-las novamente, sem usar verbo, substantivo ou adjetivo que apareça no texto. Outra possibilidade é selecionar algumas palavras ou frases do texto, procurar as definições no dicionário (ou sinônimos no *Thesaurus*) e escrevê-las em uma ordem diferente em uma folha. Mais tarde, volte para o texto e combine as palavras sublinhadas com uma das definições que você escreveu.

Multiple matching: combinar frases, subtópicos ou opções com partes de um texto (ou com vários textos curtos).

VESTIBULAR, KET *Reading and Writing (1 e 3),* ***PET*** *Reading and Writing (2),* ***FCE*** *Reading (1 e 4),* ***CAE*** *Reading (1 e 4),* ***CPE*** *Reading (3),* ***BEC*** *Preliminary, Vantage e Higher Reading,* ***IELTS*** *Reading*

Atualmente, no ensino de inglês há bastante ênfase na importância de entender textos completos e em como são estruturadas as frase em parágrafos, com conexões e referências para indicar a relação entre as partes do texto. Por esse motivo muitos exames incluem questões para testar as habilidades de resumir, combinar ou continuar parágrafos, que podem ser abordadas pelos passos a seguir:

1) Leia o título e as instruções, e depois leia o texto bem rápido para ter uma idéia geral do tópico, sublinhando palavras ou frases importantes.

2) Leia novamente as instruções e as frases que precisam combinar com o texto, e sublinhe as palavras-chave. Se já sabe alguma resposta, confira o texto antes de eliminar outra opção.

3) Procure *expressões paralelas* no texto, formas diferentes de expressar a idéia principal de cada frase. Se não tiver certeza de uma resposta, marque as possibilidades com um símbolo, ou a parte do texto onde você acha que fica a resposta. Tome cuidado para não confundir alguma palavra ou informação *parecida* com a resposta, ou uma informação que pareça lógica, mas que não apareça no texto (veja a página 86 para outras "armadilhas").

4) Volte para o texto para conferir suas respostas e completar as questões mais difíceis. Verifique se todas as suas respostas são diferentes (a não ser que haja uma instrução dizendo que é possível usar uma opção mais de uma vez) e se combinou todas as opções, mesmo que não tenha certeza da resposta.

Atividades para praticar

Procurar informações específicas: com um texto da prova, leia uma vez e selecione alguns detalhes do texto (mas sem marcá-lo) – pessoas, lugares, números, explicações, definições etc. A seguir, escreva em uma folha uma questão correspondente a cada informação e, depois de um tempo, volte ao texto e procure as respostas o mais rápido possível.

Marcar as partes do texto que obtiveram as respostas certas, fazendo uma lista do tipo de pista usada para indicá-las. Depois de bastante prática com os textos da prova, comece a ver os padrões geralmente usados para encontrar a resposta, além das pistas falsas usadas para confundir o candidato.

QUESTÃO TÍPICA DOS EXAMES INTERNACIONAIS

You are going to read an article about what some highly respected scientists think could happen in the future. For questions 1-15, choose from the people A-E. The people may be chosen more than once. When more than one answer is required, these may be given in any order. There is an example at the beginning (0).

Which person mentions that?
0 – modern scientific equipment can help us understand very small things? **B**
1 – the distribution of wealth among the world's population is unfair?
2 – scientists need to get experience of different ways of of living?
3, 4 – the mass media can help people to learn about science?
5 – some living creatures experience very exciting events?
6, 7 – the increase in the world's population could be a problem?
8 – future research will involve combining different areas of science?
9 – people may be unsure of the value of some scientific advances?
10 – investment in scientific research should be regarded as a priority?
11 – children need to be taught science in an interesting way?
12, 13 – scientists need to find better ways of treating illness?
14 – research could affect people's view of what the future holds?
15 – progress may not need advanced technology?

Where is science going?

We asked five well-known scientists to give us their views on some of the most exciting scientific developments we could see in the next few years.

A. Susan Greenfield, brain scientist

We're going to see a way of linking information technology with brain research. Already scientists have managed to place an electrode in the brain of a paralysed man who was unable to move any part of his body. This allowed him to use the electrical activity of his brain to move the cursor on a computer screen. This sort of research could have enormous value for people with brain damage and it's important that we continue to look for ways to help patients with conditions like this. However, one thing that worries me is that scientists don't use their imagination enough. So I'm involved in a project in which young people are sent out into the developing world to help people in rural areas. I hope they'll come back more aware of other cultures, and more imaginative and creative about the way that they do science.

B. Sir David Attenborough, wildlife broadcaster

Natural history film-making has always been very much affected by technology. With the latest technical advances we can take a close-up film of something as minute as the eye of a fly. This means we'll be able to make incredible films about insects like spiders and scorpions which actually have very dramatic lives. And I think these documentaries will change people's opinions of nature programmes and show them that they're not just dry, educational stuff. If you can get people to watch cartoons like The Simpsons on TV, you ought to be able to get them to watch films about scorpions too. As far as the future in general is concerned, I think the biggest change that is on the way is that there will be too many people around. There will be less and less of the emptiness, the wilderness, left in the world.

C. Sir Patrick Moore, astronomer

The most important thing in the field of space research will be to find out if there is life on Mars. If we knew that we are not the only intelligent beings, then it would have enormous implications for our future and how we look at it – our whole philosophy in fact. Personally, I think that there is life on other planets. Why should we be unique? But whether or not we'll find this out all depends on money, and if we go on wasting our money on wars instead of using it for this type of research then of course we won't get anywhere. I also think that in the future we should spend far more than we do now on medical research, especially when the number of people in the world is rising at such a rapid rate. After all, one of the greatest dangers we face is disease and we need to understand how to cure it.

D. Lord Robert Winston, fertility doctor

I'm excited by the idea of extending women's reproductive life. I don't want to see women of 60 having babies. But women are now healthier, fitter and more able to have babies at 45 or 50 than they've ever been. However, there is a lot of public suspicion of developments like this, and many people question whether we should be doing this sort of work. I think a lot of the problem is ignorance, and what we should be doing is making science in schools relevant so that students don't think of it as a boring subject. And I think there should be recognition that things like television programmes where you have 5 million viewers – I've never had less than 5 million viewers for any programme – are very influential as well.

E. Trevor Baylis, inventor of the wind-up radio

I believe that we'll have to go back to go forwards. We have to stop depending on electricity for everything and look instead at other sources of power. For example, the wind-up radio I invented just works by clockwork, without needing batteries or anything, and we now have torches and lights powered like this as well. In general, I think greed is one of the problems we have to face up to. It's wrong that some people make billions and billions of pounds when there are other people in the world who can't even afford to buy a packet of cornflakes. We have to do something about it.

(New FCE Gold – Longman)

Inserir palavras, frases ou parágrafos ("gapped text") ou escolher próximo parágrafo. ***FCE*** *Reading (1),* ***CAE*** *Reading(2),* ***CPE*** *Reading (3),* ***IELTS*** *Reading*

1) Leia o título (e os subtópicos), depois leia rapidamente o texto para entender o sentido geral, prestando atenção nas frases iniciais e finais de cada texto ou parágrafo.

2) Leia cada parágrafo ou texto curto com cuidado, e faça previsões sobre os tipos de informações ou de palavras que está faltando nos espaços. Sublinhe palavras que conectam as partes ou dão referências a outras partes do texto (veja páginas 67 e 56).

3) Leia as frases ou os parágrafos a serem inseridos e tente resumir com outras palavras os pontos principais. Depois, procure conexões com o texto, concentrando-se em três áreas:

Tópico – uma progressão lógica do tema do texto; geralmente as frases ou parágrafos a serem inseridos dão mais informações ou comentários sobre o ponto mais importante de cada parte do texto principal.
Gramática – o mesmo tempo verbal, verbo modal, pronome etc.
Vocabulário – palavras ou frases que expressam a mesma idéia, de conexões ou de referência.

Anote todas as respostas prováveis (a lápis), eliminando o máximo possível, deixando as mais difíceis por último.

4) Leia o texto todo novamente para ter certeza de que suas respostas são adequadas tanto em sentido quanto em gramática. Observe as frases antes e depois de cada lacuna, e verifique se não está caindo em nenhuma das armadilhas da página 86. Cuidado para não usar a mesma frase ou parágrafo duas vezes, e não deixar nenhum espaço em branco.

Atividades para praticar

Procurando conexões: com textos da prova, use uma caneta colorida para marcar todas as conexões entre as partes dele, e outra cor para marcar as palavras de referência e as partes dele relacionadas.

Fazendo previsões: com textos da prova, leia apenas os dois primeiros parágrafos e resuma os pontos principais. Depois, pense em como o texto provavelmente vai continuar, anotando as opções possíveis e o vocabulário relacionado a cada um. Leia o próximo parágrafo para conferir suas previsões, depois repita com cada parte do texto até o final.

Cortando textos: com textos da prova, tire uma cópia deles e corte-os (em linhas retas) de acordo com os parágrafos ou o tamanho; mais tarde tente colocar novamente o texto na ordem correta.

QUESTÃO TÍPICA DOS EXAMES INTERNACIONAIS

The failure during the late 1970s and early 1980s of an attempt to establish a widespread wind power industry in the United States resulted largely from the ___________ in oil prices during this period. The industry is now experiencing a steady ___________ due to improvements in technology and an increased awareness of the potential in the power of wind. The wind turbines that are now being made, based in part on the ___________ of wide-ranging research in Europe, are easier to manufacture and maintain than their predecessors. This has led wind turbine makers to be able to standardize and thus minimize ___________. There has been growing ___________ of the importance of wind power as an energy source.

A criticism **B** design costs **C** failure **D** operating costs **E** growth **F** scepticism
G effects **H** success **I** production costs **J** stability **K** fall **L** recognition
M decisions **N** decline **O** results

(IELTS exam papers)

Audição

Dicas gerais

- Não tente entender tudo; nunca esqueça de que só é preciso entender o suficiente para responder as questões. Sempre pense nos seus objetivos: resumir as informações principais ou procurar informações específicas. Mais uma vez, provas de compreensão testam tanto o seu conhecimento da prova quanto o seu conhecimento de inglês, e que quanto mais você praticar com questões da prova, melhor vai ser seu desempenho.
- Não perca confiança porque não conseguiu entender uma resposta, e não fique muito tempo esperando respostas. Sempre fique atento à *próxima* questão, para não perder a ordem das respostas, e aceite que às vezes e melhor seguir adiante sem entender uma parte.
- Aproveite o máximo do seu tempo: faça anotações e sublinhe palavras-chave, em qualquer momento livre antes e depois de escutar, e enquanto está escutando. Faça previsões sobre as palavras e frases que vai ouvir, e sempre deixe um tempinho para conferir as suas respostas no final.
- Use lógica e bom senso para deduzir respostas *prováveis*, e tente eliminar respostas erradas para melhorar suas chances de acertar a resposta.

Questões de múltipla escolha

***KET** Listening (1 e 3), **PET** Listening (1 e 2), **FCE** Listening (1 e 4), **CAE** Listening (3 e 4), **CPE** Listening (1 e 3), **IELTS** Listening, **BEC** Preliminary, Vantage e Higher Listening, **TOEIC** Listening, **TOEFL** Listening*

1) Leia as questões e as opções antes de escutar. Sublinhe e anote informações importantes: quem, o quê, o por quê, como ou outras palavras que você acha que podem indicar uma resposta.

2) Se vai ter a oportunidade de ouvir duas vezes (por exemplo, nos exames da Cambridge), escute a primeira vez apenas para entender o sentido geral e anotar as respostas possíveis, e na segunda vez, utilize o tempo para conferir.

3) Se estiver em dúvida, tente eliminar opções *não* corretas e leia a questão novamente com as opções restantes. Confira as suas respostas no final, e sempre responda a todas as questões, mesmo se precisa chutar (veja página 73).

4) Além das armadilhas na página 86, lembre-se de que:

a) As informações no texto nem sempre vêm na mesma ordem que as opções;

b) É possível existirem partes do texto bastante longas sem nenhuma resposta, e partes curtas com duas ou mais respostas, ou às vezes há uma resposta logo no começo ou quase no final da gravação.

Atividade para praticar

Respondendo perguntas gerais: para praticar mais a habilidade de resumir informações, escute gravações da prova e faça anotações sobre as seguintes questões: Onde está acontecendo? Qual é o relacionamento entre as pessoas? O que elas estão fazendo? Que tipo de pessoas são? Qual é a profissão delas? Qual o motivo principal da conversa? O que é possível ter acontecido antes da conversa, ou vai acontecer depois? Qual é a atitude das pessoas?

QUESTÃO TÍPICA DOS EXAMES INTERNACIONAIS

You will hear a radio interview with Jose Martinez, the director of Pizza Rapida, a pizza delivery chain in Spain. For each question, mark one letter (A, B, or C) for the correct answer. You will hear each recording twice.

(Extrato do roteiro) Good evening and welcome to 'Business People'. We are fortunate to have as our guest tonight Jose Martinez, the founder and director of Pizza Rapida. Jose was brought up in America and started his working life there. Now he's one of the most successful entrepreneurs in Europe. How did he achieve this? Well, he began his rise to success in Europe when he launched his pizza delivery chain from a small shop in the Spanish capital, Madrid, 10 years ago. By the late 1990s he had succeeded in expanding the business to over 400 outlets and in doing so, has almost transformed the eating habits of the nation. As a result of this success, he has been able to buy out his main competitor and today, Pizza Rapida is well-known for producing high quality food at reasonable prices. Jose is now one of the wealthiest men in Spain.
F: Jose, welcome to our studio.
M: Thank you.
F: Now, did you do a lot of market research before you set up your pizza delivery service?
M: Well, not really. But I did do some basic research to get the product itself right by giving some away to teenagers in the neighbourhood. I kept experimenting with the key ingredients until they all thought the pizzas were perfect.

F: But surely Spain isn't traditionally a fast food market, so why did you think a pizza home delivery service would be a success?

M: Well, I just thought that the same trends that had caused the fast food revolution in the US were at work in Spain. For example, more and more women were joining the labour market, leaving them less time to shop and cook, so families were starting to think of fast food as an attractive alternative to home cooking. The sector grew incredibly quickly in the first few years. It's a little steadier now, still very healthy though.

F: Great! So you must need an incredible number of staff – but what do you look for in your managers?

M: I try to follow the American system and make sure that my people get experience at all levels of the business. I don't want managers to come straight from university to the office without doing the basic jobs in the company first...

1. Jose Martinez became successful by
A taking over a well-known company
B establishing an innovative retail business
C gaining a reputation for high quality

2. Before Jose Martinez set up his pizza delivery service he
A tested samples on potential clients
B handed out product questionnaires
C assessed demand in different areas

3. According to Jose Martinez the Spanish fast food business
A is different from the US
B has slowed slightly in its rate of growth
C employs an increasing number of women

4. Jose Martinez wants his trainee managers to
A develop a competitive attitude
B try out some of the shop-floor jobs
C spend more time working abroad

(BEC – Vantage Sample)

Preencher lacunas ou completar frases escritas
***KET** Listening (4 e 5), **PET** Listening (3), **FCE** Listening (2), **CAE** Listening (1, 2 e 3), **CPE** Listening (2), **IELTS** Listening, **BEC** Preliminary, Vantage e Higher Listening*

1) Leia as instruções e as frases que vai ter de completar *antes de escutar* – sublinhe palavras-chave e faça previsões sobre as informações faltando, além de palavras ou frases que acha que vai ouvir. Lembre-se de que as palavras na gravação podem ser parecidas, mas não iguais àquelas das frases, então vale a pena pensar em sinônimos das palavras-chave também.

2) Se vai ouvir duas vezes, na primeira vez pode anotar as respostas que sabe estarem certas, para não ficar distraído. Na segunda, ou se vai ouvir apenas uma

vez, anote o mais rápido possível as suas respostas (a lápis), de preferência de forma abreviada, pois você pode passar a limpo logo que a gravação terminar. Por exemplo, se a resposta for "The train arrives at six o'clock.", escreva "Tr. arr. 6"", ou a resposta "Jane has long brown hair.", escreva "J. lg br hr.". Não fique distraído se perder uma resposta, fique atento à próxima questão, porque, às vezes, há espaços grandes entre as respostas, ou a informação é repetida depois.

3) Verifique se suas respostas estão de acordo com o texto em termos de sentido, gramática (tempo verbal, forma do verbo, singular/plural, artigo etc.) e ortografia. Não esqueça de que pode ser necessário mudar a forma de uma palavra da gravação para combinar com a frase.

Cuidado para não escrever mais do que o número máximo de palavras, nem usar uma palavra que já apareça na frase. Aproveite todo o tempo disponível para conferir suas respostas até o ultimo segundo!

Atividades para praticar

Criando pistas: com questões da prova, tente pensar em uma pista para cada espaço antes de escutar, algo que vai fazê-lo lembrar do tipo de palavra que está faltando; um gênero (país, cidade, hora, lugar, nome de pessoa, quantidade, tipo de transporte etc.) ou uma classificação (substantivo, verbo no gerúndio, adjetivo etc.). Pode também pensar em uma resposta *possível,* que combina com o resto da frase. Depois escute a gravação e confira se a pista ajudou, e como.

Resumos repetidos: escute a mesma gravação várias vezes, anotando os pontos principais com cada vez mais detalhes, até você resumir quase o texto todo. É muito bom praticar e entender como os textos geralmente são estruturados, divididos em informações centrais e informações mais específicas ou adicionais.

QUESTÃO TÍPICA DOS EXAMES INTERNACIONAIS

You will hear a tour guide talking to some new guests at their hotel. For each question, fill in the missing information in the numbered space.

The Riverside Hotel

Tour Guide

The office is __________ the reception desk.

Meals

Breakfast: in the Green Room on the first floor beside the lifts

Food for trips: collect from the __________ at 9.00 am

Dinner: hotel restaurant famous for its __________ dishes

Riverboat trip

Day: __________

Time: afternoon and evening

Cost of holiday

Everything is included except __________

Facilities

It's possible to swim from __________ am until 10.00 pm

(**Roteiro**) Good afternoon everyone and welcome to the Riverside Hotel. My name is Peter Smith and I am your tour guide. You can usually find me in the office which is opposite the reception desk. If you have any problems, please come and see me.

Now, I'd like to tell you about the arrangements for meals and other hotel facilities. Breakfast is available in the Green Room from 7.00 am to 9.00 am. This is on the first floor of the hotel, next to the lifts. Breakfast is the only meal which is self-service.

For lunch, we can provide you with sandwiches for you to take on your trips. You need to tell your waitress at dinner each evening what you would like. They will be ready for you to collect at 9.00 am from the kitchen before you leave on your trip.

Evening meals are served from 7.00 until 9.00 pm in the restaurant. It has an excellent view of the river and is well-known for its fish dishes. All your evening meals will be here in the hotel except for Saturday when we have organised a special riverboat trip for you. On that day you will have dinner on board.

Bed, breakfast and evening meal are included in the cost of your holiday but lunch is an extra charge. There's no charge for anything else – the trips are all included.

Finally, the hotel swimming pool. All the guests are free to use it from when it opens at 6.30, until it closes at 10 at night. But before 8.30 in the morning or after 7.30 in the evening you need to collect a key from reception. The rest of the time a member of staff is there.

Well, that's all I have to say for now. I'll see you at dinner later.

(PET Sample)

Multiple-matching: combinar frases, subtópicos ou opções com partes de um texto (ou com textos curtos).

***KET** Listening (3), **FCE** Listening (3), **CAE** Listening(4), **CPE** Listening (4), **IELTS** Listening, **BEC** Preliminary, Vantage e Higher Listening, **TOEFL** Listening*

1) Antes de escutar, leia as instruções com cuidado e as palavras ou frases que precisam combinar com a gravação. Sublinhe palavras e frases-chave em cada frase, e pense em sinônimos ou frases parecidas quando possível.

2) Escute a gravação, sempre atento às palavras-chave que já sublinhou e pensando em outras palavras que possuam o mesmo sentido. Procure manter uma noção geral de todas as frases ao mesmo tempo, em vez de ficar sempre olhando para uma frase e esperando a resposta chegar. Faça as questões em que tenha certa segurança, e anote respostas possíveis (a lápis) para as outras.

3) Verifique se suas respostas combinam com o sentido do texto, se usou todas as frases e se todas as respostas são diferentes.

Atividade para praticar

Dividir e resumir: escute uma gravação (do nível) da prova, espere um tempo (dez segundos, por exemplo), aperte o "Pause" e tente resumir tudo o que acabou de ouvir, de preferência usando outras palavras, ou em voz alta ou escrevendo.

QUESTÃO TÍPICA DOS EXAMES INTERNACIONAIS

Listen to Tom talking to a friend about a sports afternoon. What sport did each person do? For questions 1-5, write a letter A-H next to each person. You will hear the conversation twice.

1. Sam □ 2. Jane □ 3. Paul □ 4. Susan □ 5. Anne □

A basketball	**B** football	**C** golf	**D** horse-riding
E skiing	**F** table tennis	**G** tennis	**H** vollyball

(Roteiro) Girl: Did you go to the sports afternoon last Friday, Tom? I couldn't go. **Tom**: Yes, we had a great afternoon. We all did a new sport. I had some horse-riding lessons. **Girl**: Really! What did the others do? **Tom**: Well, Sam was happy. There's a dry ski slope there so he went skiing. **Girl**: Really? Did Jane do the same thing? **Tom**: She didn't want to. She played volleyball with some other people. She was tired after the game. **Girl**: What about Paul and Susan? **Tom**: Well, Paul wanted to try basketball, but they don't do that on Fridays – so he did golf. And Susan did very well. She played in a football team and got two goals! **Girl**: Great...did anyone play tennis? **Tom**: Nobody did that. Anne didn't want to do anything but she had to play something so she had a game of table-tennis. **Girl**: Did she like that? **Tom**: Yes – I think so. **Girl**: Well, I hope I can go next time.

(KET Sample)

Escrita

Na maior parte de provas e exames o candidato precisa dar informações ou opiniões, relatar eventos ou descrever pessoas, coisas e lugares, usando linguagem apropriada ao objetivo e ao leitor específico. Nos primeiros níveis, é possível ser por notas, mensagens, cartas informais, instruções, descrições, formulários ou histórias curtas. Nos níveis mais avançados, podem haver cartas formais ou informais, relatórios, questões polêmicas, avaliações, reportagens, descrições ou histórias mais longas. Além disso, alguns exames como o IELTS e CPE (da Cambridge) e TOEFL pedem para o candidato escrever sobre as informações apresentadas em um texto, em um diagrama, gráfico ou tabela. Não importa qual exame você fará, é essencial se informar muito bem sobre: todos os tipos de redação e os tópicos mais comuns, as notas disponíveis para cada parte e, se possível, as respostas exemplares de outros candidatos com avaliações ou comentários dos examinadores.

Em quase todas as provas, as melhores notas sempre vão para quem consegue **completar a tarefa**, além de combinar os seguintes elementos:

- Vocabulário apropriado e variado;
- Gramática correta e variada (mas a prioridade é em comunicação de idéias);
- Boa estrutura (de parágrafos) com conexões lógicas entre as partes;
- Ortografia e pontuação correta;
- Estilo apropriado ao contexto/leitor;
- Boa apresentação e letra legível;
- Número de palavras requisitadas (ate 10% para mais ou para menos geralmente não faz diferença na nota).

Dicas gerais

- Escolha o tipo de redação e o tópico que são *mais fáceis para você*, e não o mais interessante ou desafiador. Selecione um título sobre o qual tenha bastante informações e idéias para completar, pensando no vocabulário e nas estruturas que poderá "encaixar", e como é possível fazer um plano com uma estrutura simples e clara. Cuidado para não tentar adaptar uma redação que fez no passado, a não ser que tenha certeza absoluta de que o tema é o mesmo.
- Divida o seu tempo de acordo com os *pontos* de cada questão e depois fique atendo ao relógio, para não gastar tempo desproporcionalmente. Nunca esqueça de que duas respostas quase completas vão ganhar mais pontos do que uma completa e uma que foi interrompida no meio.
- *Leia a questão com muito cuidado* – várias vezes, anote ou sublinhe os pontos principais da tarefa, dividindo de acordo com a importância relativa da sua resposta. Não esqueça de incluir *todas as informações pedidas* e de escolher um estilo apropriado. Confira as instruções mais comuns na parte escrita:

Discuss (discutir), *explain* (explicar), *comment on* (comentar), *describe* (descrever), *compare* (comparar), *contrast* (contrastar), *complete* (completar), *define* (definir), *outline/review/summarise* (resumir), *make notes* (fazer anotações), *give examples of* (dar exemplos de), *give your opinion about* (dar sua opinião sobre), *an essay* (uma redação), *including* (incluindo), *at least* (pelo menos), *approximately/about 150 words* (aproximadamente/cerca de 150 palavras), *no more than...* (não mais que...)

What kind of...? (Que tipo de...?), *What/why/how do you think...?* (O que/por que/como você acha que...?), *How do you feel about...?* (Como você se sente sobre...?), *What's your opinion/impression of...?* (Qual a sua opinião/impressão de...?), [*To what extent*] *Do you agree that...?* ([Até que ponto] Você concorda que...?), *Is it true that...?* (É verdade que...?), *What do you understand by...?* (O que você entende de...?)

- *Conte o número de palavras* que escreve *por linha*, e, portanto, quantas linhas são necessárias escrever para completar, por exemplo, 150 palavras. Dessa maneira, não vai perder seu tempo contando cada palavra durante a prova!
- *Siga três passos* simples, e seja rigoroso em controlar o tempo para completar cada etapa: **Planejar + Escrever + Corrigir** = ***produto final***

1) ***Planejar*** (veja página 63) – Divida o seu plano em parágrafos ou tópicos, prestando atenção especial ao começo e ao fim dele e ao desenvolvimento e à conexão entre suas idéias. Antes de começar a escrever, compare mais uma vez o plano com a questão para ter certeza de que está respondendo de uma forma completa e clara o que foi solicitado.

2) ***Escrever***: acima de tudo, por favor, *nunca escreva uma versão em rascunho ou a lápis primeiro!* Vai gastar muito tempo passando a limpo, o que o deixará mais preocupado com o fato de escrever tudo do que preocupado com a qualidade do que está escrevendo. Porém, é uma boa idéia escrever com um espaço entre as linhas – tanto para facilitar suas correções quanto para melhorar a apresentação e facilitar a leitura da examinadora. Não reproduza a linguagem do título ou das informações dadas, procure outras formas de expressar o mesmo assunto.

Não seja ambicioso demais; a prova não é o momento de experimentar, e, em geral, quanto menos erros você cometer, melhor. Não tente ser muito engraçado, espertinho, dramático ou polêmico, dê uma resposta padrão precisa e bem organizada. A realidade é que esta não precisa ser baseada em uma experiência ou opinião real, nem precisa ser muito original ou interessante. Porém, não quer dizer que não precisa apresentar seqüências lógicas e completas, por meio de uma maior variedade de vocabulário e de estruturas possíveis. Dê preferência para frases nem muito curtas nem muito longas; para construir frases mais longas, é possível começar com uma base, a parte central mais "sólida", que já sabe que é correta, e depois aumentar com partes adicionais.

3) ***Corrigir***: bem como na sua prática, deixar tempo para fazer correções é uma parte fundamental do processo. A tendência de muitos candidatos é querer continuar escrevendo até o último segundo, mas é sempre melhor *parar de escrever e começar a ler* suas respostas com calma. Além de fazer uma revisão geral, faça uma revisão de apenas uma área (de acordo com os seus erros mais freqüentes durante a preparação), por exemplo: um ponto de gramática, pontuação, ortografia, traduções corretas ou conexões entre as partes.

CARTAS FORMAIS OU DE NEGÓCIOS

***FCE** Writing (1 e 2), **CAE** Writing (1 e 2), **CPE** Writing (1 e 2), **IELTS** General Writing (1), **BEC** Preliminary, Vantage e Higher Writing (2)*

São incluídas em muitos exames após a leitura de um texto (ou anúncio, reportagem, gráfico, outra carta etc.). Uma carta formal é possível ser baseada em uma variedade de objetivos, sendo que os mais comuns são: dar ou pedir informações, fazer planos ou programar encontros, convidar, aceitar ou recusar convites, agradecer, pedir desculpas, reclamar e candidatar-se. Em todos os casos, obedeça mais ou menos a mesma estrutura:

- Cumprimentar e/ou se apresentar, depois dar o motivo para escrever;
- Dar informações relevantes (em dois ou três parágrafos principais), com conexões claras e variadas entre os parágrafos;
- Concluir com um resumo do seu objetivo ou um fechamento apropriado.

Em cartas formais são usadas formas completas em vez de contrações, por exemplo "*I am* writing" e não "*I'm* writing", "*I would* be grateful" e não "*I'd* be greateful", "*It is*" e não "*It's*" etc. Além disso, existe uma variedade de palavras mais formais usadas nesse tipo de correspondência:

Enquire = ask, *request* = ask for, *purchase* = buy, (*should you*) *require* = (if you) need, *inform* = tell, *reply* = answer, *remain* = stay, *with regard to* = about, *in order to do* = to do, *so as not to* = so you don't, *discover* = find out, *as a result of* = because of, *ensure* = make sure, *prevent* = stop, *mislay* = lose, *commence/initiate* = start, *cease/terminate* = finish, *intend to do* = think of doing, *indicate* = show, *postpone* = put off, *enter* = go/come in, *It is said/believed/thought* = people say/believe/think, *It has been shown/proved/demonstrated* = someone has shown proved/demonstrated, *draw your attention to* = to tell you about, *I would be grateful if you could do* = I want you to do, to *express my concern/dissatisfaction* = to say I'm not happy, *a great deal of* = much, a *large number/a great many* = many, *exceed* = be more than, *extremely* = very, *far/considerably* + comparative, *subsequently* = after that, *previously* = before that, *located/situated* in = is in + lugar, *to whom* = who... to, *to rise* = to stand up, *view as* = see as, *propose* = suggest, *practically* = almost, *rapidly* = fast, *therefore/thus* = so, *In addition/Furthermore/Moreover* = and, *Consequently/As a result* (because), *unacceptable* = not good enough, *thereby* = in that way.

Vocabulário geral

Datas: August 14 (th), 14 (th) August 2007

Se souber o nome da pessoa, use o sobrenome – **Dear Mr. Pitt, Dear Mrs. Thatcher, Dear Ms. Clark** – *ou* o pronome – Dear George, Dear Mildred* – mas *nunca* ambos – Dear John Smith.

Se não souber o nome, use Dear Sir, Dear Madam, Dear Sir/Madam.

I am writing with regard to… (Estou escrevendo sobre...)
in order to [confirm]… (para [confirmar]…)
to inform you that…(para informar que você…)

I was extremely happy to receive…(Eu fiquei imensamente feliz em receber...)

Please excuse the delay... (Por favor, desculpe o atraso...)

Please find attached [the letter…] (Em anexo, [a carta]…)

As you can see from the enclosed [document]… (Como você pode ver no [documento] em anexo)

I would like to apologise for [not sending]…(Gostaria de desculpar-me por [não estar enviando]...)

May I suggest that... (Posso dar a sugestão de...)

If you require any further information, please do not hesitate to contact us. (Se você precisar de qualquer informação adicional, por favor não hesite em entrar em contato conosco.)

May I wish you [a safe journey/every success with…/a happy Christmas.] (Desejo a você uma viagem [tranqüila/muito sucesso/um feliz Natal].)

I look forward to [receiving your reply/hearing from you/meeting you.] (Estou aguardando ansiosamente [sua resposta/notícias suas/nosso encontro].)

Yours sincerely, (Atenciosamente,) *Kind regards,* (Cordialmente,)

---

* Há uma convenção: quando você começa com *Dear Sir/Madam*, precisa terminar a carta com "*Yours faithfully*", e quando começa com o nome da pessoa, deve terminar com "*Yours sincerely*".

Solicitando informações

I am writing in response to [your advertisement in…]
(Estou escrevendo em resposta ao [seu anúncio no...])

I am writing to enquire whether...
(Estou escrevendo para saber sobre a possibilidade...)

I would be very grateful if [you could send me]…
(Eu seria muito grato se [você pudesse me enviar]...)

It would [also] be very helpful [if you could]…
(Seria [também] bastante útil [se você pudesse]...)

Could you please give me some [more] information about…
(Por favor, você poderia me fornecer [mais] informações sobre…)

I would (also) like to know more about…
Gostaria de saber [também] mais sobre…

Could you please tell me [how much the ticket will cost]?
(Pode me dizer [qual é o preço do ingresso], por favor?)

I would like to know if [the date has been confirmed].
(Gostaria de saber se [a data está confirmada].)

Fornecendo informações/respondendo a solicitações de informações

In reply to [your letter of July 4th]… (Respondendo a [sua carta de 4 de julho]…)

With reference to [your request for]… (Em relação a [sua solicitação para]…)

In response to your query, I would like to inform you that…
(Em resposta ao seu pedido, gostaria de lhe informar que...)

I am pleased to [tell/inform you that]…
(Eu tenho o prazer de [dizer/informar que]…)

I am afraid [I will not be able to]… (Lamento que [eu não poderei]...)

I would like to confirm that (Gostaria de confirmar que...)

In reply to [your letter of July 4th]... (Respondendo a [sua carta]...)

With reference to [your request for]... (Em relação a [sua solicitação para]...)

Reclamações

I am writing to complain about... (Estou escrevendo para reclamar...)

I was extremely dissatisfied [with.../to discover that]...
(Estou extremamente insatisfeito [com.../de descobrir]...)

To make matters worse... (Para tornar as coisas ainda mais difíceis...)

I would like to receive a full refund for...
(Gostaria de receber total reembolso por...)

Candidatando-se a vagas de empregos ou em cursos/escolas

I am writing to apply for the position of...
(Estou escrevendo para me candidatar ao cargo de...)

Please find enclosed... [my curriculum vitae/details of my work experience] (Por favor, observe em anexo... [meu curriculum vitae/detalhes da minha experiência de trabalho])

I have a great deal of experience of... [dealing with...]
(Eu possuo grande experiência de... [lidar com...])

One of the main reasons I'm applying for this job is... (Uma das principais razões de eu estar me candidatando para este emprego é...)

I have always been interested in doing... (Sempre tive interesse em fazer...)

I can be contacted at the above address...
(Você pode entrar em contato comigo no seguinte endereço...)

Thank you for considering my application.
(Obrigado por considerar a minha avaliação.)

TÓPICOS TÍPICOS DOS EXAMES INTERNACIONAIS

1. You have seen this advertisement in *The Traveller* magazine and have decided to apply.

> THE TRIP OF A LIFETIME
> We are looking for 8 people from different countries to spend 3 months on a sailing trip around the world, free of charge. No sailing experience is needed. Training will be given. Write and tell us why you are the person we are looking for and explain how you would benefit from this experience.
> (**FCE Sample**)

2. You have read the extract below as part of a newspaper article on the loss of national identity. Readers were asked to send in their opinions. You decide to write a letter responding to the points raised and expressing your own views.

"We are losing our national and cultural identities. Because of recent advances in technology and the availability and speed of air travel, different countries are communicating more often and are therefore becoming more and more alike. The same shopping malls and fast food outlets can be found almost everywhere. So can the same types of office blocks, motorways, TV programmes and even lifestyles. How can we maintain the traditions that make each nation unique?"

(**CPE Handbook**)

3. You recently applied for a credit card while travelling around Britain during your summer vacation. Unfortunately, the first time you tried to use it, the cash machine said that the personal identity number you had typed was incorrect. You typed it in again and the machine kept your card but did not give you any money. When you phoned your bank, they promised to send a replacement card immediately. Two weeks later it had not arrived and you assume that it was sent to the wrong address. Fortunately, your friends in England were able to lend you some money to cover your expenses during the rest of your stay.

Now that you are back in your country you have decided to write a letter (200 words) to the head office of the bank complaining about the treatment you received. You are also going to send a cheque to your friends and want to write a note (50 words) to send with it.

(**CAE Handbook**)

CARTAS INFORMAIS, E-MAILS, MENSAGENS ETC.

***KET** Reading and Writing(7), **PET** Reading and Writing(7 e 8), **FCE** Writing (1), **BEC** Preliminary e Vantage Writing (1)*

Baseados em objetivos parecidos com os de cartas formais, são indicados também para dar ou reagir a notícias, pedir favores, dar parabéns, conselhos ou recomendações e expressar emoções como surpresa, felicidade ou decepção. Por definição, a linguagem e a estrutura da carta podem ser mais informais, com frases mais curtas, expressões idiomáticas, conexões mais simples (como *and*, *so* e *but*) e contrações. Porém, ainda vale a pena pensar em dividir a carta em partes de acordo com as informações incluídas:

- Cumprimentar, agradecer carta/convite, fazer perguntas sociais, dar notícias.
- Introduzir informações principais (em um ou dois parágrafos), por meio de frases e conexões informais.
- Fechar com frases sociais e/ou sobre o próximo contato.

No caso de bilhetes e e-mails rápidos, são usadas abreviações como:
eg = por exemplo, ie = quer dizer, etc. = etcetera, NB = Preste atenção, re = referente a, asap = as soon as possible, FYI = for your information, btw = by the way (a propósito)

Além disso, é bastante comum excluir o pronome *I* com certos verbos, por exemplo: "(I) *hope* you have a good trip", "(I) *Should* be home by about 8:00", "(I) *Will* eat later", "(I) *Have* borrowed your bike".

Frases gerais

Hi/Dear Silvia (Olá/Querida Silvia)

How's it going?/How are you doing? (Como vai? Como você está?)
[I] Hope all is well with you and your family.
([Eu] espero que esteja tudo bem com você e sua família.)

How's the [job/course] going? (Como está indo o [trabalho/curso]?)

How was the [exam/your trip]? (Como foi a [prova/sua viagem]?)

Thanks for your letter, it was lovely to hear from you.
(Obrigado pela sua carta, é muito bom ouvir notícias suas.)

I was so pleased [to hear that]... (Eu fiquei satisfeita em saber que...)

I am so sorry [about your]... (Eu sinto muito [sobre seu]...)

It's so funny [about your]... (Engraçado, [sobre seu]...)

Congratulations on [passing your exams]!
(Parabéns por [ter passado nos exames]!)

I'm sorry I haven't written for so long, but I've been so busy lately. (Sinto muito por não ter escrito por tanto tempo, mas tenho estado tão ocupado ultimamente.)

I'm just writing to... [give you some news about...] (Só estou escrevendo para... [dar algumas notícias sobre...])
[tell you that...] ([para dizer que...])
[let you know that...] ([deixar você saber que...])

I thought I would just write/drop you a line to...
(Pensei em escrever apenas algumas linhas para...)

Just to let you know that...
(Apenas para deixar você saber que...)

Just a short note to... (Apenas um pequeno recado para...)

Are you still working/studying at...?
(Você ainda está estudando/trabalhando em...?)

I've just heard/found out that...
(Eu acabei de ouvir/descobrir que...)

[I'm afraid] I've got some great/bad news...
([Eu lamento] dizer que eu tenho grandes/más notícias...)

Since the last time we met/spoke, I've...
(Desde a última vez que nos encontramos/nos falamos, eu tenho...)

You remember that I told you [I was going to…]?
(Você lembra que eu disse para você [que eu estava indo para...])

I'm sure you're dying to hear about…
(Tenho certeza de que você está louco para saber sobre…)

Have you heard from John since …?
(Você tem ouvido falar de John desde…?)

Thanks for inviting me to… (Obrigado por me convidar para…)
[Of course] I'd love to come... ([É claro] que eu adoraria ir...)

I'm afraid I won't be able to make it… (Temo que não poderei ir…)

I'd like to invite you to… (Gostaria de convidá-lo para...)

I really hope [you can make it]. (Espero que [você possa comparecer].)

Please let me know [what time you'll arrive].
(Por favor, me avise [a que horas você chegará].)

Do you happen to know if…? (Por acaso você sabe se…?)

Do you think you/I could…? (Você acha que poderia...?)

Would it be possible [for you] to go…? (Seria possível [para você] ir..?)

I was wondering if you'd like to… (Estava pensando se você gostaria de...)

Why don't we [meet…]? (Por que não nos [encontramos...]?

Anyway,… (De qualquer forma...) *Well,…* (Bom,...)

Good luck with [the new job]. (Boa sorte com [o novo emprego].)

I hope [the interview] goes well.
(Eu espero [que a entrevista] transcorra bem.)

I think that's all my news for the moment.
(Acho que essas são as minhas novidades por enquanto.)

Give my regards/love to [your parents]. (Dê lembrancas minhas para [os seus pais].)

Say hi to [John] for me. (Dê um alô para o [John] por mim.)

I look forward to [hearing from you]. (Estou ansioso para [saber de você].)
[seeing you again]. ([ver você novamente] .)

Can't wait to [meet up]. (Mal posso esperar para [nos encontrarmos].)

Please write/drop me a line as soon as you can.
(Por favor, escreva-me assim que você puder.)

[Hope to] see you soon. ([Espero] ver você novamente em breve.)

[I hope to] hear from you soon. ([Eu espero] saber de você novamente em breve.)

All the best,/Best wishes, (Tudo de bom,) *Take care.* (Cuide-se.)
Love [from] (com carinho [de],)

TÓPICOS TÍPICOS DOS EXAMES INTERNACIONAIS

1. An English friend, Pat, has written to ask you for some advice. This is part of the letter you have received.

"I've finally got the chance to come to your country. I hope to stay for about a month, and I can either come in February or September – I'm not sure which would be better? I'd like to spend most of my time in the countryside and if possible to see some wildlife, especially birds. Can you give me some advice on the best time to come and which places I should visit, and the best way of getting there? Best wishes, Pat"

(**FCE Handbook**)

2. You are going to attend an engineering exhibition in Frankfurt soon. Write a memo of 30-40 words to your assistant:
- explaining why you'll be away
- letting her know the dates you will be away
- saying what work she should do while you are away

(**BEC Preliminary Sample**)

3. An English friend of yours called James gave a party yesterday, which you enjoyed. Write a card to send to James. In your card you should a) thank him for the party b) say what you liked best c) suggest when you could both meet again.

(**KET Handbook**)

ARGUMENTOS DISCURSIVOS
FCE *Writing (2),* ***CPE*** *Writing (2),* ***IELTS*** *General ou Academic Writing (2),* ***TOEFL*** *Writing (2)*

Neste caso, a estrutura da redação é especialmente importante para separar e conectar de forma adequada suas idéias e deixar mais clara e equilibrada sua resposta. Para questões com dois pontos de vista opostos, pode-se fazer uma tabela e escrever os pontos a favor em um lado, e os pontos contra em outro. Em geral, é possível seguir uma estrutura padrão:

- Introdução para mostrar seu entendimento da questão ou do tópico, (reformulando, mas não repetindo o título), ou para dar sua opinião.
- Parágrafo principal para mostrar um ponto de vista ou opinião, com detalhes e exemplos para desenvolver o argumento, além de conexões apropriadas entre os pontos principais (e entre todos os parágrafos) – veja página 67.
- Parágrafo para mostrar outro(s) ponto(s) de vista, de preferência mais parecido(s) com sua opinião (para combinar melhor com o último parágrafo a seguir).
- Conclusão ou resumo breve dos dois lados da história, considerando de forma equilibrada a questão e deixando mais explícitas as opiniões implícitas durante a redação.

Introduzindo tópicos

It is often said that... (Freqüentemente fala-se que...)

Many people nowdays think that...
(Muitas pessoas hoje em dia pensam que...)

Some/many people would argue that...
(Algumas/muitas pessoas poderiam argumentar que...)

Some experts believe that...
(Alguns conhecedores do assunto acreditam que...)

It is a commonly held view that... (É comum a opinião que...)

Opponents of... would claim that... (Oponentes do... poderiam alegar que...)

Nowadays this is an extremely controversial issue, because...
(Atualmente há uma grande controvérsia sobre essa questão, porque...)

In today's world, nearly every aspect of life is affected by...
(No mundo atual, quase todo aspecto da vida é afetado por...)

In recent years/Over the last few years (Nos últimos anos)

The problem/question of... is greater now than ever before.
(O problema/a questão é que... é maior agora do que jamais foi no passado.)

Listando ou adicionando

First of all (Primeiro de tudo) *Secondly/Thirdly* (Em segundo/terceiro lugar)

Moreover/Furthermore/In addition (Além disso)

In fact (De fato) *In theory* (Na teoria) *In practice* (Na prática)

There are two main reasons [why I believe...]
(Existem duas razões principais [por que eu acredito...])

One point [to consider] is... (Um ponto [a ser considerado] é...)

Another reason [*why*] (outra razão [pela qual])

A further (mais um/a) *[dis]advantage...* ([des]vantagem...)
problem is that... (problema é que...)
argument [against/in favour of...] (argumento [a favor/em favor de...])
important point is that... (Outro ponto importante é que...)

It is also important to remember that... (Também é importante lembrar que...)

Not only [+ forma interrogativa] *but... also...* (Não apenas..., mas também...)

This raises the question of... (Isso levanta a questão de que...)

Dando sua opinião ou exemplos

In my opinion (Na minha opinião) *I would argue that...*
(Eu poderia argumentar que...)

It seems to me that... (Parece-me que...)

Personally [I think/believe...] (Pessoalmente, [eu acredito que...])

The most important issue/question is… (A questão mais importante é…)

It is a fact that… (É fato que…)

Obviously/Of course (Obviamente/É claro) *Without doubt* (Sem dúvida)

Needless to say (Não é preciso dizer)

Clearly (Claramente) *Naturally* (Naturalmente)

The effect/importance of… cannot be underestimated.
(O/A efeito/importância de… não pode ser subestimado.)

Take for instance... (Pegue como exemplo...)

A good example would be... (Um bom exemplo seria…)

Fazer contrastes de opinião e ceder

Although (Embora) *However/Nevertheless* (Entretanto)

On the other hand (Por outro lado) *In contrast* (Contrastando)
While/Whereas (Enquanto)

[This is true] to a certain extent. (Isto é verdade até um certo ponto.)

There is some truth in this, however... (Existe alguma verdade nisto, entretanto...)

This is not always the case. (Este não e sempre o caso.)

Having said that, it could be argued that… (Tendo dito isso, poderia argumentar que...)

While it is true that…, it is worth remembering that…
(Enquanto é verdadeiro que..., vale a pena lembrar que…)

Concluir ou resumir pontos principais

In conclusion/To conclude (Concluindo/Para concluir) *To sum up* (Resumindo)

Therefore, in answer to the question, we can say that…
(Portanto, respondendo à questão, podemos dizer que…)

All things considered/On balance/Overall/All in all (Considerando tudo)

Taking everything into account (Levando tudo em consideração)

TÓPICOS TÍPICOS DOS EXAMES INTERNACIONAIS

1. Read the question below. You have 30 minutes to plan, write and revise your essay. Typically, an effective essay will contain a minimum of 300 words.
Do you agree or disagree with the following statement?
Money is the most important commodity in the world..
Use specific reasons and examples to support your answer.

(TOEFL Sample)

2. Present a written argument or case to an educated reader with no specialist knowledge of the following topic:
There are many different types of music in the world today. Why do we need music? Is the traditional music of a country more important than the international music that is heard everywhere nowadays?
Use your own ideas, knowledge and experience and support your argument with examples and relevant evidence.

(IELTS Exam papers)

3. You have had a class discussion on food and eating habits. Your teacher has now asked you to write a composition giving your opinion on the following statement:
Young people are eating a less healthy diet nowadays than their grandparents did.

(FCE Handbook)

NARRAÇÃO/HISTÓRIAS

***PET** Reading and Writing (8), **FCE** Writing (2)*

Mesmo que este tipo de redação permita um pouco mais de liberdade de expressão, é aconselhável escrever com uma estrutura definida, episódios curtos que se concentram nas partes principais da história e palavras ou frases apropriadas para conectar os parágrafos. Por exemplo:

- Parágrafo para estabelecer a situação – o local, quando aconteceu, quem estava lá e o porquê – tudo para deixar bem claro o ponto inicial da história.
- Parágrafo(s) para descrever o que aconteceu e o porquê, dividido de acordo com as ações principais, com bastante detalhes, vocabulário variado e conexões temporais e semânticas (veja páginas 67 e 68).
- O resultado das ações ou uma conclusão da história, de preferência com algum elemento dramático, engraçado ou inesperado.

Em geral é melhor manter a história o mais simples possível; embora seja melhor pensar em uma história original ou interessante, a prioridade é sempre escrever com a maior variedade de vocabulário e a menor freqüência de erros possível. É aconselhável incluir um pouco de diálogo, mas de forma a não deixar tempo para descrições muito objetivas. Em termos de gramática, preste muita atenção na concordância dos tempos verbais, além das formas plural/singular e as preposições, que geralmente representam os erros mais freqüentes (veja página 186).

Exemplos de tempos verbais (no passado)

I **was having** *lunch with my family when the phone* **rang**.
(Past Continuous/Past Simple)

It **was** *the first time I* **had ever** *been abroad.* (Past Perfect)

She **complaining**, *so we told her* **to be** *quiet.* (Gerund/Infinitive)

We **were told** *to fill in the forms* **we had been given**. (Passive/Past Perfect Passive)

If he **had played** *better, he* **would have won** *the match.* (Third Conditional)

Exemplos de conexões temporais

Just as *the plane was taking off, we heard a noise,...*

While *we were having lunch, she watched TV.*

After *we had finished* **After finishing** **Having finished**

As soon as *we arrived* **No sooner had** *we arrived*

It wasn't until *we got home,* **that** *we realised...*

By the time *he had got back, everyone had left.*

I was **just about to** *leave the office, when...*

At first ***Then** (suddenly)* ***Later on*** ***After a while*** ***Some time later***

At last/Finally *the letter came* ***Eventually***, *all the customers left...*

In the end...

Exemplos de reações e emoções

He was amazed to discover that... (Ele ficou maravilhado em descobrir que...)

I was delighted to see/to hear that... (Fiquei feliz de ver/ouvir que...)

We were furious to realise that... (Ficamos furiosos em perceber que...)

I was so surprised that [I didn't know what to do].
(Fiquei tão surpreso que [eu não sabia o que fazer].)

They were so disappointed that [they left].
(Eles ficaram tão desapontados que [eles foram embora].)

It came as such a shock. (Foi como um susto.)

I couldn't believe my eyes/luck.
(Eu não pude acreditar nos meus olhos/na minha sorte.)

Adjetivos fortes

[**Absolutely**] *freezing* (muito frio), *boiling* (muito calor), *starving* (morrendo de fome), *fantastic* (fantástico), *amazing /wonderful* (maravilhoso), *incredible* (inacreditável), *awful/terrible* (terrível), *exhausted* (exausto), *terrified/petrified* (com muito medo), *over the moon* (na lua), *furious* (furioso), *soaking* (encharcado), *fascinating* (fascinante).

TÓPICOS TÍPICOS DOS EXAMES INTERNACIONAIS

1. Your teacher has asked you to write a story. Your story must begin with the sentence:
   I felt nervous when the phone rang.

   (PET Handbook)

2. Write a story beginning **or** ending with the sentence:
   Jimmy showed me his finger, which was heavily bandaged.

   (FCE Sample)

DESCRIÇÕES – Também usado em provas orais – página 133
***KET** Reading and Writing (9), **PET** Reading and Writing (8), **FCE** Writing (2).*

Pessoas

Geralmente, a aparência e/ou a personalidade de algum parente, amigo, professor, colega de sala/de trabalho ou de uma pessoa famosa/histórica.

Para responder a pergunta ***What does he/she look like?*** (Como ele/ela é fisicamente?), é possível descrever a idade, a altura, o corpo, o cabelo, o rosto, a voz, com quem a pessoa parece, além das roupas que costuma usar.

aged about (tem mais ou menos a idade) *in his 30s* (entre 30 e 40 anos) *quite young* (bastante jovem) *middle-aged* (meia idade) *elderly* (idoso)

(a little) overweight (um pouco acima do peso) *slim/skinny* (magro/magérrimo) *well-built* (musculoso) *She has a good figure.* (Ela tem um corpo bonito.) *quite short* (baixinho) *of average height/build/height* (altura média/peso na média)

She has long, straight black hair. (Ela tem cabelo longo, liso e preto.)

She's got short, blond curly hair. (Ela tem cabelo loiro, curto e crespo.)

His hair is going grey. (O seu cabelo está ficando branco.)

He's balding. (Ele está ficando careca.)

He's dark/fair skinned. (Ele tem pele morena/clara.)

He has wrinkles/freckles/a round face. (Ele tem rugas/sardas/o rosto redondo.)

She's usually well-dressed. (Ela geralmente está bem vestida.)

He wears [fashionable/smart] clothes. (Ele usa roupas da moda/elegantes.)

She looks serious... (Ela parece séria...)

He looks like my dad/Lula/a farmer.
(Ele se parece com o meu pai/Lula/um fazendeiro.)

Para responder a pergunta ***What's he/she like?*** (Como ela é?), é possível usar adjetivos sobre os seus pontos fortes e fracos, fazer comparações com outras pessoas e falar dos hábitos ou atitudes que reflitam a personalidade.

He's very friendly/quite reserved. (Ele é muito simpático/meio reservado.)

He's an easy-going sort of person. (Ele é uma pessoa tranqüila.)

Everyone thinks he is a bit moody. (Todo mundo acha ele um pouco "de lua".)

He takes after his dad. (Ele "puxou" ao pai.)

She's similar to my wife. (Ele parece a minha mulher.)

He usually [goes out at the weekend]. (Ele geralmente [sai no final de semana].)

She's always [listening to music]. (Ela está sempre [escutando música].)

He tends to [give up easily]. (Ele tem a tendência de [desistir facilmente].)

Lugares

A aparência de uma paisagem, uma cidade, um lugar público, um prédio, uma casa, um quarto ou escritório. É possível descrever:

- *O local ou a posição*: em qual parte do país/cidade/bairro/prédio ou lugar fica, a distância de outros lugares, o que tem por perto e as posições relativas das coisas dentro desse lugar.
- *O tamanho do lugar*: quantas pessoas moram/trabalham neste lugar, a história e outros fatos reais.
- *Opiniões ou impressões*: suas e de outras pessoas, sobre a atmosfera do lugar, os pontos fortes e fracos, o que mudou/melhorou/piorou, e previsões para o futuro.

A huge/relatively large city. (Uma grande/relativamente grande cidade.)

An average sized town. (Uma cidade de tamanho médio.)

A tiny village. (Um pequeno vilarejo.)

Surrounded by [hills/forest]. (Cercado por montanhas/floresta.)

There's a... opposite. (Existe um/uma... no lado oposto.)

A 3 story house/apartment block.
(Uma casa/um bloco de apartamentos de 3 andares.)

On the ground 3rd floor (No térreo/3º andar)

Overlooking (Com vista para)

A modern/traditional/very old building.
(Um prédio moderno/tradicional/muito velho.)

Tourist attractions (Atrações turísticas); *Places of interest* (Lugares de interesse)

It's a very peaceful/exciting/boring/expensive place [to live].
(É um lugar bastante calmo/animado/chato/caro [para morar].)

The scenery is stunning. (A paisagem/cenário é exuberante.)

The first thing a visitor would notice is…
(A primeira coisa que um visitante notaria é...)

The impression you have is that… (A impressão que você tem é que…)

Objetos

É mais provável que você use descrições como parte de uma outra redação, para dar detalhes de objetos, equipamentos, móveis ou roupas que as pessoas usam em casa, no trabalho ou em lugares públicos.

É possível descrever o tamanho (relativo), a cor, a forma, o material, a textura, o peso, o uso e de que maneira se usa, além de partes do objeto e comparações com outros objetos.

It's about [3 metres] wide/high/long/in diameter.
(É cerca de [3 metros] largo/alto/longo em/de diâmetro.)

It's square/rectangular/spherical/pointed/curved.
(É quadrado/retangular/esférico/pontudo/curvado.)

It's shaped like a… (Tem a forma de um(a)...)

It's used for… -ing/You use it to… (É usado para…/Você usa isso para...)

It's made of metal/plastic/wood etc. (É feito de metal/plástico/madeira etc.)

It looks heavy/light/hot etc. (Parece pesado/leve/quente etc.)

It looks like a [prison]. (Parece uma cadeia.)

It's kind of shiny/strange/yellowish etc.
(É tipo brilhoso/estranho/meio amarelado etc.)

It could be some kind of... (Poderia ser um tipo de...)

On top (em cima) *Inside* (dentro) *Underneath* (Embaixo)

At one end/the other end (Em uma ponta/na outra ponta)

On one side/the other side (Em um lado/o outro lado)

TÓPICOS TÍPICOS DOS EXAMES INTERNACIONAIS

1. You now live in a new house. Write a note to a friend about the house. Say: a) where your house is b) which room you like best and why

(KET Handbook)

2. Describe someone you know so that he/she can be easily recognised in the street.

(FCE Sample)

AVALIAÇÕES DE TEXTOS/FILMES/PEÇAS
***FCE** Writing (2), **CPE** Writing (2)*

Como sempre, a prioridade é completar a tarefa, mas em geral é possível incluir algumas das seguintes etapas na estrutura básica:

- *Informações gerais*: autor da obra, o diretor, os atores, onde e quando foi escrito/produzido, onde e quando você leu/viu, a reação do público etc.
- *Resumo*: o local, as personagens e os eventos principais da história. Procure usar a maior diversidade de vocabulário e de estruturas possível, por exemplo, adjetivos fortes (veja página 115), além de palavras ou frases relacionadas a filmes, peças ou livros. Tome cuidado para não copiar frases diretamente do texto, a não ser que você queira usar uma citação para exemplificar um ponto específico.
- *Os temas por trás da história*: uma análise mais detalhada da história, os relacionamentos entre as personagens e as emoções demonstradas, o que revela da sociedade ou o que é possível aprender com essa obra.
- *Opinião pessoal*: reação emocional à história, aos personagens e ao estilo, os pontos fortes e fracos da obra, suas cenas ou partes preferidas e recomendações para outras pessoas.

The book/film/play tells the story of...
(O livro/filme/peça de teatro conta a história de...)

It's about a man who... (É sobre um homem que...)

The story takes place in France. (A história se passa na França.)

The film is set in the 19th century/the present day.
(O filme acontece no século XIX/nos dias atuais.)

The title refers to... (O título refere-se a...)

The film deals with the question of... (O filme trata da questão do...)

The book examines the theme of...(O livro examina o tema do...)

The main character(s) is/are...(O(s) principal(ais) personagem(ns) é/são...)

There are many interesting characters, such as...
(Tem muitos personagens interessantes, como...)

It stars [Julia Roberts] as [a woman who...]
(Estrelando o filme [Julia Roberts] como [uma mulher que...])

[Brad Pitt] plays the part of [a cowboy]. ([Brad Pitt] faz papel de [um cowboy].)

It was written/directed by... (Foi escrito/dirigido por...)

The first thing that happens is... (A primeira coisa que acontece é...)

At the beginning/end of the story...(No começo da história/no final da história...)

After that (Depois disso) And then (E então)

Meanwhile (Enquanto isso) *Because of that* (Por causa disso)

[I think] this story is very/really interesting/exciting/moving/thought-provoking.
([Eu acho] que a história é muito interessante/animada/comovente/provocante.)

I found this book extremely boring/enjoyable/frightening/disappointing.
(Eu achei este livro extremamente chato/divertido/assustador/decepcionante.)

The plot is quite original/predictable/difficult to understand.
(A história é meio original/previsível/difícil de entender.)

The ending is so unexpected/predictable/ridiculous.
(O final é tão inesperado/previsível/ridículo.)

I would[n't] recommend this film because...
(Eu [não] recomendaria este filme porque...)

The characters are believable/unconvincing.
(Os personagens são bastante reais/ não convincentes.)

The script/The dialogue is very witty/dull.
(O script/o diálogo é muito humorado/entediante.)

The good/bad points are... (Os pontos bons e ruins são...)

The best moment/part is when... (O melhor momento/parte é quando...)

The most memorable character is... (O personagem mais marcante é...)

The best thing about the book is that... (A melhor coisa sobre este livro é que...)

TÓPICOS TÍPICOS DOS EXAMES INTERNACIONAIS

1. Answer **one** of the following two questions based on your reading of **one** of the set books:
   a) Your college magazine is looking for articles on the qualities of good stories. Write an article, briefly describing the beginning of the book and explaining why this beginning made you want to read the rest of the story.
   b) In your opinion, which character changes the most in the book? Write a composition, explaining your views.

   (CPE sample)

2. You see this notice on your college notice board. Write your competition entry.

WRITING COMPETITION
"The book I would take with me if I were stranded on a desert island."
Describe the book that is so special to you, that you would not want to be without it. Tell us why it has had such a great influence on you and your life. The winner will be presented with £100 in book token and the winning entry will be published in the college magazine.

(FCE sample)

RELATÓRIOS

***CAE** Writing (2), **CPE** Writing (1 e 2), **BEC** Vantage e Higher Writing (1 e 2), **TOEFL** Writing (1)*

Para refletir a importância de relatórios no mundo dos negócios, alguns exames pedem para o candidato apresentar informações que reflitam pesquisas, estudos, questionários ou tendências de mercado. Uma estrutura padrão seria:

- Escolha o *título*: uma frase curta que resuma o tópico de uma forma simples.
- *Introdução*: tópico, contexto e motivo do relatório, e como as informações foram coletadas. A linguagem deve ser bastante formal, com conexões lógicas entre todas as partes para deixar bem clara a seqüência de informações.
- *Pontos separados em parágrafos com subtópicos*, e marcadores, números ou letras dentro de cada parágrafo. Como o motivo é informar o leitor, é preciso apresentar as informações de uma forma organizada e concisa, com exemplos e estatísticas apropriadas, mas sem dar sua opinião de forma direta. Procure usar palavras diferentes do texto e resumir as informações quando possível.
- *Conclusão*: resumir relatório (usando palavras diferentes), expressar sua opinião e fazer recomendações.

The aim/purpose of this report is to present/show/outline.
(O objetivo/propósito deste relatório e apresentar/mostrar/salientar.)

This report is intended to describe/explain/evaluate...
(Este relatório tem intenção de descrever/explicar/avaliar...)

I spoke to/interviewed [people/doctors/members of the public].
(Eu falei com/entrevistei [pessoas/doutores/membros do público].)

I conducted a survey among [hotel staff/students/residents].
(Eu conduzi uma pesquisa entre [empregados do hotel/estudantes/residentes].)

Club members/parents/managers answered a questionnaire about...
(Membros do clube/pais/gerentes responderam um questionário sobre...)

Many people seem to feel that... (Muitas pessoas parecem sentir que...)

Most students thought that... (Muitos estudantes acharam que...)

Some owners said/told me that...
(Alguns proprietários me disseram/falaram que...)

A small/significant proportion of those asked...
(Uma pequena/significante proporção daqueles que foram perguntados...)

The following reasons were given:... (As seguintes razões foram dadas:...)

The following points/suggestions/recommendations were made:...
(Os/As seguintes pontos/sugestões/recomendações foram feitas:...)

The points in favour of/against... can be summarised as follows:...
(Os pontos a favor de/contra... podem ser resumidos a seguir:...)

The results of the survey clearly suggest that...
(Os resultados da pesquisa claramente sugerem que...)

Based on the results of the survey, I would suggest that.../doing...
(Baseado no resultado do estudo, eu sugeriria que.../em fazer...)

I would therefore recommend that...(Eu, entretanto, recomendo que...)

It would seem that [the best idea would be...] (Parece que [a melhor idéia seria...])

It might also be a good idea to...(Também poderia ser uma boa idéia...)

TÓPICOS TÍPICOS DOS EXAMES INTERNACIONAIS

1. A government department is conducting research into why students in your country are not finishing school with a sufficiently high level of spoken English. You have been asked to contribute a report entitled "Motivating students to achieve a high level of English". Your report should make specific reference to:
   - reasons why students fail to reach a good level of spoken English
   - possible ideas to improve the situation

(CAE Handbook)

2. Your manager is keen to introduce new practices into your company. He has asked you to write a report which includes details of two practices from another company that you would suggest adopting in your own company. Write the report for your manager, including the following information:
   - what you admire about the other company
   - which two of its practices you would adopt
   - why your company would benefit from them

(BEC Higher sample)

TEXTOS BASEADOS EM ESTATÍSTICAS OU QUESTIONÁRIOS
***IELTS** Academic Writing (1), **TOEFL** Writing (1)*

É possível que seja apresentado um texto curto, um gráfico, uma tabela, ou uma lista de números, porcentagens ou opiniões de um estudo ou pesquisa realizada.

- Leia o título e todas as informações com cuidado. Tente resumir em uma frase a conclusão geral das informações, e, se houver mais do que um gráfico/tabela etc., resuma o ponto principal de cada um.
- Procure nas informações tendências e características peculiares, pontos altos e baixos. Apresente as informações de forma organizada, com conexões lógicas entre as partes, começando com uma frase que deixe bem claro o conteúdo. Tente não copiar frases inteiras diretamente das informações; procure outras palavras para resumir os pontos principais.
- Não apresente as informações de uma forma repetitiva; varie o máximo possível as palavras e as expressões para descrever as mesmas informações, por exemplo: usando quantidades, números, frações e porcentagens.
- Verifique se você incluiu *todas* as informações principais, se adicionou algo que não estava nas informações e se todas as estatísticas ou as descrições relatadas por você estão corretas.

Referindo-se às informações

The graph (clearly) shows that... (O gráfico claramente mostra que...)
illustrates that... (ilustra que...)
confirms/proves that... (confirma/prova que...)

You can see/It can be seen from the diagram that...
(Você pode ver/Isso pode ser visto a partir do diagrama que...)

According to the pie-chart (De acordo com o gráfico)
figures/information given (dados/informação dada)

The first thing you notice when you look at the graph is that...
(A primeira coisa que você percebe quando você olha o gráfico é que...)

In general/Overall the statistics show that...
(Em geral/Considerando tudo, as estatísticas mostram que...)

Números, porcentagens e frações

A large/small number of (um grande/pequeno número de) *people.* = *substantivos contáveis*

A great many (Muitos) *students.*
(Relatively/very) Few (Relativamente poucos) *exams.*

A large/small amount of (uma grande/pequena quantidade de) *food* = *substantivos incontáveis*

A great deal of (muito) *research*
(Relatively/very) Little (Relativamente pouco) *gold*

A significant number/percentage/proportion of...
(Um número/uma porcentagem/proporção de...)

Most people (A maioria das pessoas)
Most of those interviewed (A maioria dos entrevistados)
The [vast] majority of those who answered. (A [vasta] maioria daqueles que responderam.)

Approximately/roughly (Aproximadamente) */half* (metade)/ a *quarter* (um quarto)/ *three-quarters* (três quartos)/ *two-thirds* (dois tercos)/ *two-fifths* (dois quintos)/ *Nearly/ almost (exactly)* (quase) 20%/60%/ *the same percentage* (da mesma porcentagem)

(Slightly) more/less than (um pouco mais/menos do que)/ *one in five* (um em cinco)/ *one in three* (um em três)/ *nine out of ten* (nove de dez)/ *Just over/under* (um pouco acima/abaixo)

Comparando informações (veja também página 174)

During the period from... to... (Durante o período de... até...)

A (far) higher number of people (Um número [bem] maior de pessoas)
Many more people... (Muito mais pessoas) = *contáveis*

A (much) greater amount of food (uma [grande] quantidade de comida)
Much more food... (Muito mais comida) = *incontáveis*

There is a (significant/considerable/slight) difference in the number/amount.
(Existe uma significante/considerável/leve diferença no número/quantidade.)
Almost identical (Quase idênticos)
Not (nearly/quite) as many (Não tanto quanto)
Not (nearly/quite) as much (Não tanto quanto)

In the first graph... whereas/while in the second (No primeiro gráfico... enquanto no segundo...)

On the other hand (por outro lado)

Altos e baixos/Flutuações

The number/amount/percentage of... [has] remained constant
(O (A) número/quantidade/porcentagem de... permaneceu constante)
[has] steadily increased (tem aumentado progressivamente)

There was a sharp increase/rise in the number (Houve um aumento brusco no número)
There has been a steady decrease/fall amount of
(Houve uma leve queda na quantidade)

The em number/amount of... rose/fell (sharply/steadily)
(O número/quantidade... caiu)
The percentage of... dipped (briefly)... then recovered.
(A porcentagem de... dminuiu brevemente... e então recuperou-se.)
fluctuated between... and... (flutuou entre... e...)
remained steady (permaneceu estável)

Reaching a high/low point of... (Alcançando o ponto alto/baixo de...)

TÓPICOS TÍPICOS DOS EXAMES INTERNACIONAIS

	Tokyo	**Los Angeles**	**London**	**Shanghai**	**Mexico City**
Population (millions)	27.2	12.5	13	13.6	16.9
% homes with water/electricity	100	94	100	95	94
Murders per 100,000 people	1.4	12.4	2.5	2.5	27.6
% children in secondary school	97	90	58	92	62
Levels of ambient noise	4	6	8	5	6
Traffic/km per hour in rush hour	44.8	30.4	6.6	24.5	12.8
Clean air (score out of ten)	7	3	7	7	2

1. Write two paragraphs:
Compare Shanghai and Los Angeles
Say which of the five cities provides the best environment overall, and why.

(IELTS Sample)

2. The graph below shows the percentage of customers who were satisfied with the service of 4 airlines between 1995 and 2006. Write a report for a university lecturer describing the information shown below. You should write at least 150 words.

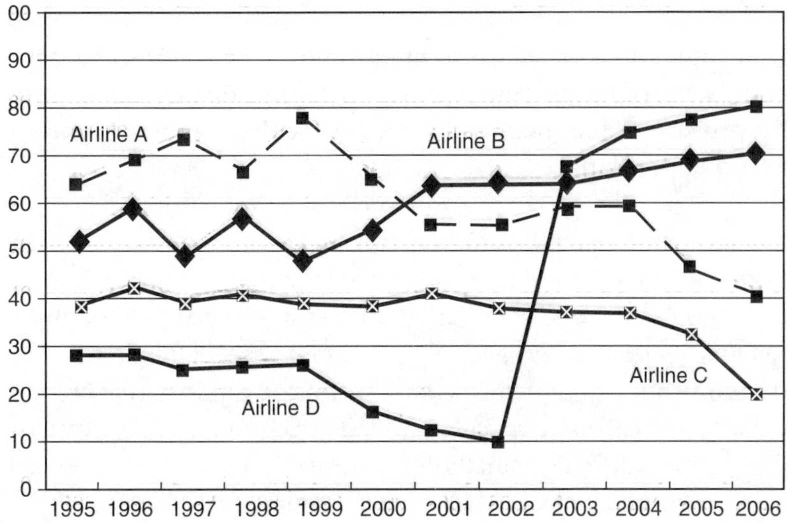

Falar

Na maioria das provas orais de um nível mais básico, é solicitado ao candidato falar de tópicos relevantes à sua realidade, e para níveis mais avançados, pede-se ao candidato para que ele também mostre sua habilidade de conversar sobre uma variedade de tópicos, dar e justificar sua opinião, além de interagir e negociar com o examinador e/ou um outro candidato. Acima de tudo, é importante lembrar que o objetivo é quase sempre *comunicar-se com sucesso*, mostrar o máximo possível do seu potencial e de sua personalidade, ou seja, muito mais do que apenas usar estruturas corretas. Resumindo, a *ênfase é na fluência e não na precisão*. Para realizar esse objetivo, é preciso se concentrar em:

- Responder as perguntas do examinador ou completar as tarefas necessárias, e dar respostas completas, desenvolvendo-as com detalhes e exemplos, em vez de responder de forma mais objetiva.
- Usar pronúncia e ênfase (em palavras e frases), pois permite que fique claro o que você quer comunicar.
- Empregar mais que o vocabulário e a gramática básica, procurar palavras e frases alternativas para mostrar um nível de conhecimento mais elevado.

Além disso, gostaria de oferecer algumas dicas gerais para melhorar as suas chances de sucesso em provas orais:

Passe uma boa impressão: vista-se bem, cumprimente o examinador com entusiasmo, seja animado e educado, fale bastante alto e tente manter contato visual e uma boa postura. Todas as pessoas ficam nervosas, mas não se esqueça de que está falando com outra pessoa (que também pode estar nervosa, cansada ou distraída), então, trate-o com o mesmo respeito; não seja informal demais, mostre interesse na conversa mesmo se precisar ser um pouco falso e lembre-se de que um sorriso nunca mata alguém! Se você é considerado uma pessoa tímida, faça o *papel* (como um ator mesmo!) de um amigo extrovertido durante a prova, porque, bem como na vida real, geralmente a primeira impressão é a que permanece.

Fale tudo o que está pensando: também por causa do nervosismo, alguns candidatos perdem muito tempo pensando, e não falando, mas não esqueça de que o tempo limitado de que dispõe é para demonstrar sua habilidade oral e de que *não vai ganhar ponto para pensamentos*! Primeiro, a qualidade do seu inglês é mais importante que a qualidade das suas respostas, então não se preocupe muito com *o que* vai dizer, mas com *como* vai dizer. Segundo, se você está pensando algo como "é muito difícil", "não tenho certeza se esta correta" ou "não sei muito sobre este assunto", vale a pena dizer exatamente isso em inglês:

It's quite difficult to answer that question, because...
(É meio difícil responder esta pergunta, porque...)

I'm not sure if this word/pronunciation is correct...
(Não tenho certeza se esta palavra/pronúncia é correta...)

I'm sorry, but I don't know very much about...
(Desculpe-me, mas eu não sei muito sobre...)

Não tenha vergonha de falar se você não entendeu muito bem uma pergunta ou uma palavra, ou pedir para o examinador repetir ou esclarecer algo:

Could you say that again please? (Você poderia dizer aquilo novamente?)

I didn't quite catch that, would you mind repeating it please?
(Eu não "peguei" o que você falou, você se importaria de repetir?)

I'm sorry, I'm not sure if I understood correctly...
(Desculpa, mas não tenho certeza se entendi corretamente...)

Could you explain the meaning of... please?
(Você poderia explicar o significado de...?)

Da mesma forma, em vez de ficar calado enquanto se prepara para falar, é possível "comprar tempo" para pensar e formular respostas, por meio de frases como:

Let me see/think... That's a difficult/an interesting question.
(Deixe-me ver/pensar... Esta é uma questão difícil/interessante.)

Could you give me a moment, I need to think about that...
(Pode me dar um momento, eu preciso pensar sobre aquilo...)

Sorry, I'm little nervous, I'll try to calm down a bit before I answer. (Desculpe, estou um pouco nervoso,vou tentar me acalmar um pouco antes de responder.)

Use definições para explicar palavras que não sabe ou que não consegue lembrar na hora de falar. Mais uma vez, em vez de entrar em pânico e ficar em silêncio, é possível mostrar sua habilidade lingüística *descrevendo* algo por meio de frases, como:

It's like a... (É como...) *It looks like...*(Parece...) *It's similar to....* (É similar...)
It's a kind/type of...(É um tipo de...)

It's when you/somebody... (É quando você/alguém...) *You use it/them to...*(Você usa isto para...) *It's something you need when...*(É algo que você precisa quando...)
A person who...(Uma pessoa que...) *A place where...*(Um lugar onde...) *A verb which means the same as...*(Um verbo que significa o mesmo que...)

Além disso, como o objetivo principal é a comunicação, existe a opção de perguntar ao examinador, que também vai demonstrar o seu conhecimento de outro tipo de vocabulário, em vez da falta de linguagem:

Sorry, but I can't remember the word...
(Desculpa, mas eu não lembro a palavra...)

What do you call a person who.../thing for... -ing/a place where...? (Como você chama uma pessoa que... uma coisa para.../um lugar onde...?)

Could you please tell me what... means, please? (Você poderia me dizer o que... significa, por favor?)

How do you say... in English? (Como posso dizer... em inglês?)

EXERCÍCIO

Escreva uma definição ou questão para as seguintes palavras:

1. A corkscrew (saca rolha)
2. To lose weight (emagrecer)
3. Flight attendant (comissário (a) de vôo)
4. Envious of (com inveja de)
5. A convertible (um conversível)

Prepare bem os tópicos mais prováveis: na maioria das provas orais há uma grande probabilidade de você p recisar de certas frases previsíveis, então, vale a pena preparar e ensaiar com uma lista ou cartões de papelão, ou cartolina com frases pré-formuladas, dividida de acordo com as partes mais comuns da prova (além de perguntas, vocabulário e estruturas que provavelmente apareceram na prova. Entretanto, tome cuidado para não repetir blocos extensos de linguagem, pois o examinador pode perceber quando não parece natural (e, por isso, ele pode mudar de assunto). Evite também a tentação de usar vocabulário que não é relevante ao assunto, apenas porque você o conhece bem e quer se exibir!

Antes da prova, é aconselhável fazer uma imersão durante pelo menos 24 horas – falar, pensar, assistir a programas e filmes, escutar músicas, tudo em inglês. Assim, quando começar a prova, o cérebro já vai estar mais "ligado" na língua inglesa, proporcionando um pouco mais de fluência e mais confiança para a prova.

INFORMAÇÕES PESSOAIS

Maioria das provas orais

No início de quase todas as provas orais, há um tempo curto para o candidato interagir com o examinador de uma forma pessoal. Mesmo que a intenção seja apenas "quebrar o gelo", essa é, na verdade, uma ótima oportunidade de você causar uma boa impressão, que pode influenciar significativamente na sua nota final. Por esse motivo, vale a pena preparar perguntas e frases típicas relacionadas aos tópicos comuns: história de vida, família e amigos, cidade natal, trabalho ou estudos, interesses e ambições.

É claro que aqui as frases são apenas exemplos do tipo de informações que é possível preparar; é sempre preciso adaptá-las à sua realidade, corrigi-las e melhorá-las com sua professora e repeti-las várias vezes em voz alta até ficarem mais naturais. Nunca responda uma pergunta apenas usando sim/não ou utilizando frases muito curtas (mesmo se houver a oportunidade e for muito tentador), sempre ofereça mais detalhes, observações ou opiniões relevantes ao tópico.

Família, cidade onde você mora/nasceu e descendência

I've lived in... all my life. (Eu tenho morado... durante toda a minha vida.)

I'm a Carioca born and bred. (Sou carioca, nascido e criado.)

I'm planning to leave/stay here. (Estou planejando deixar/ficar aqui.)

I'm originally from Londrina, but I moved to São Paulo about 8 years ago. (Sou originalmente de Londrina, mas mudei para São Paulo cerca de 8 anos atrás.)

I come from quite a small/big family... (Eu venho de uma família pequena/grande...) there are 6 *of us in all* (somos 6 no total). *I'm an only child* (eu sou a única criança).

My (grand)parents were actually born in... (Meus avós/pais são, na verdade, nascidos em...) *and moved to... in...* (e mudaram para... em...)

I'm of Italian descent. (Sou de descendência italiana.)

I'm single at the moment. (Estou solteiro no momento.) *I have a boy/girlfriend, (we've been together for...)* (Eu tenho um(a) namorado(a), estamos juntos por...)

I got married in 1997. (Me casei em 1997.) *I've been married for 8 years.* (Estou casado por 8 anos.)

I have a couple of kids aged 7 and 5. (Tenho duas crianças com idade de 7 e 5 anos.)

Estudos/Trabalho, Por que está estudando inglês?

At the moment I'm studying at... (No momento estou estudando na...) *I'm doing a course/masters/Ph.D. in...* (Estou fazendo um curso/mestrado/Phd em...)

I'll be taking the Vestibular next year. (Vou fazer Vestibular no próximo ano.)
Hopefully I'll graduate in... (Espero poder me formar em...)

I work as a... (Eu trabalho como...)
I work for a company which... (Trabalho para uma empresa que...)

I'm responsible for...-ing I'm in charge of...-ing (Sou responsável por...)

I'm studying English because I'd like to…
(Estou estudando inglês porque gostaria de…)

The reason I'm taking this exam is because…
(A razão por eu estar fazendo este exame é porque…)

Planos e ambições – profissionais e pessoais

What I'd really like to do is work/go/have...
(O que eu gostaria de fazer é trabalhar/ir/ter…)

My ambition is to… (A minha ambição é...)
One day I hope to be able to… (Um dia espero ser capaz de…)

I'm planning to do…(Estou planejando fazer...)
I'm thinking of going to… (Estou pensando em…)

Provided I get a good grade in this exam, I'm going to…
(Considerando que eu tire uma boa nota na prova, eu poderia…)

Tempo livre e gostos

When I'm not studying/working, I usually go…
(Quando não estou estudando/trabalhando, normalmente eu vou…)

Actually/In fact, I don't have much free time.
(Na verdade/De fato, eu não tenho muito tempo livre.)

I absolutely love travelling. (Eu absolutamente amo viajar.)
(Inf) I'm really into movies. (Eu realmente sou vidrado em filmes.)

What I enjoy most is… (O que eu aprecio mais é...)
I prefer… -ing to… -ing (Eu prefiro… do que…)

I spend a lot of time reading/at the gym.
(Eu passo muito tempo lendo/na academia.)

I'm (not) a big fan of football/soap operas.
(Eu não sou um grande fã de futebol/novelas.)

I'm absolutely addicted to... (Sou absolutamente viciada em…)

EXERCÍCIO

Prepare suas respostas para as perguntas a seguir, com o máximo de detalhes possível. Primeiro, escreva-as em uma folha e leia várias vezes em voz alta. Depois responda as perguntas sem a folha, se possível com outra pessoa fazendo o papel do examinador.

1. *Where do you live?*
2. *Could you tell me something about your family?*
3. *Why are you taking this exam?*
4. *What are your plans for the future?*
5. *What do you do in your free time?*

IMAGENS (Veja também "Descrições" na página 116)
***KET** Speaking (2), **PET** Speaking (2 e 3), **FCE** Speaking (2), **CAE** Speaking (2)*

Nesta situação o candidato precisa descrever e/ou comparar **fotos**, responder as perguntas do examinador, e, às vezes, falar sobre a foto do outro candidato também. Na sua preparação para a prova, procure o máximo de exemplos possíveis, que tipo de imagem é mais comum (pessoas, animais, lugares, objetos), e também o tipo de tópico relacionado às imagens, por exemplo, relacionamentos, viagens, educação/criação dos filhos, saúde, esporte, compras etc. Para ajudar a falar o máximo possível preste atenção nos seguintes passos:

Descreva a ***ação principal*** ou as coisas mais visíveis: o foco da foto. No caso de comparações entre duas ou mais fotos, inicie com as *diferenças principais*, usando uma variedade na formas de comparação e conjunções.

<u>This picture shows</u> a busy street, with many people walking... (A fotografia mostra uma rua movimentada, com muitas pessoas caminhando...)

<u>In this picture I can see</u> [a couple sitting on a sofa/a dog and a cat lying together]. (Nesta foto posso ver [um casal sentado no sofá/um cachorro e um gato deitados juntos].)

<u>The first thing you notice</u> about this picture is that [it is raining/there are lots of clothes]. (A primeira coisa que voce nota na foto é que [está chovendo/há muitas roupas].)

Well, first of all, this is obviously a picture taken at night, because it's very dark. (Bem, primeiro de tudo, é óbvio que esta foto foi tirada à noite, porque está muito escuro.)

You can tell this photo was taken in… (Dá para dizer que esta foto foi tirada em…)
The picture must come from a magazine. (Esta foto deve ser de uma revista.)

The main difference between the pictures is that in the first... while in the second… (A grande diferença entre as fotos é que na primeira… enquanto na segunda…)

This photo was taken in the summer, whereas in this one it's snowing.
(Esta foto foi tirada no verão, enquanto nesta outra esta nevando.)

The car in picture B is obviously [much] more expensive than the one in picture A.
(O carro na figura B é obviamente [muito] mais caro do que o da figura A.)

This guy is not as tall as this one. (Este cara não e tão alto quanto este outro.)
She has (slightly) longer hair. (Ela tem cabelo um pouco mais comprido.)

Compared to the other pictures, this one very peaceful.
(Comparado com as outras figuras/fotos, esta é muito tranqüila.)

When you look at this picture in comparison to the other, you can see…
(Quando você olha para esta foto comparando com a outra, você pode ver…)

Both the pictures show a party, although this one is a bit more lively…
(Ambas as fotos mostram uma festa, embora esta seja um pouco mais animada…)

In picture A it is sunny whereas in B it is raining.
(Na foto A está ensolarado, enquanto na foto B está chovendo.)

- Dê ***mais detalhes***: as partes da imagem, a aparência de pessoas, coisas e lugares, as roupas, as expressões, a paisagem, o tempo, o país etc.

In the background (No fundo)/ *foreground you can see...* (Na frente você pode ver)/ *In the distance* (Bem no fundo)/ *At the top/bottom of* (No topo/na parte da baixo)/ *On the left/right of* (Na esquerda/direita da) / *In the middle of* (No meio de)/ *At the top of* (No topo do)/ *In front of/behind* (Na frente/atrás do)/ *next to/beside* (Próximo/ao lado)/ *near/not far from* (Próximo/Não longe do)/ *opposite* (oposto)

She's got a rather sad expression. (Ela tem uma expressão triste.)

He is of average height/build. (Ele tem altura média.)

She has short, black curly hair. (Ela tem cabelo curto, preto e crespo.)

He has a long, straight nose. (Ele tem um nariz longo e reto.)

He's a bit overweight. (Ele está um pouco acima do peso.)

She has a good figure. (Ela tem um corpo bonito.)

The people are very well/smartly dressed.
(As pessoas estão bem vestidas/vestidas de forma elegante.)

She's wearing old-fashioned clothes. (Ela está usando roupas fora da moda.)

They're dressed for work/going to the gym. (Eles estão vestidos para o trabalho/para ir à academia.)

The woman looks nervous. (A mulher parece nervosa.)
The house looks very old. (A casa parece muito velha.)
This looks like some kind of… (Isto parece com algum tipo de…)
It looks like she's watching TV. (Parece que ela está assistindo a televisão.)
It seems/appears to be a place where… or something like that...
(Parece ser um lugar onde… ou alguma coisa como...)

It must be quite hot, because the people are swimming.
(Deve estar um pouco quente, porque as pessoas estão nadando.)

They can't be at school, as there are cars in the background.
(Eles não podem estar na escola, já que existem alguns carros ao fundo.)

Além disso, tente oferecer algum tipo de *reação* ou *opinião* sobre a imagem, o que você sente à primeira vista, como:

In my opinion/If you ask me... (Na minha opinião/Se você me perguntasse...), *It seems/appears to be...* (Parece que...), *It looks [to me] as if...* (Parece [para mim] que...), *It makes me think of...* (e me faz pensar...).

I think this picture was taken in Italy… if you look at the architecture...
(Acho que esta foto foi tirada na Itália…se você olhar a arquitetura...)

I would say (that) this is definitely/probably/possibly/perhaps…
(Eu diria que isto é definitivamente/provavelmente/possivelmente/talvez…)

By the look of it, she's waiting for a plane.
(Pelo que parece, ela está esperando por um avião.)

(Inf) I bet he's feeling anxious. (Aposto que ele está se sentindo ansioso.)

(Inf) I reckon this is some type of competition.
(Eu acho que isto é um tipo de competição.)

I have to be honest, I find this picture quite depressing…
(Tenho que ser honesto, achei esta foto um pouco deprimente…)

It really is an extremely beautiful landscape, I would love to go there.
(É realmente uma paisagem extremamente bonita, eu adoraria ir até lá.)

I personally wouldn't like to do that, but perhaps she enjoys it.
(Pessoalmente, não gostaria de fazer aquilo, mas talvez ela aprecie.)

Porém, evite a tentação de gastar muito tempo pensando em uma palavra que parece estar na ponta da língua e empregue frases para falar o que esqueceu, como "Sorry, I can't remember the word for the thing she's holding" ou "the word has slipped my mind".

- Imagine ***o que aconteceu antes ou vai acontecer depois*** do momento da foto, por meio de frases e estruturas no passado e no futuro e de possibilidades.

I think they are going to take off soon. (Acho que eles vão partir em breve.)
It looks like he is just about to go for a walk. (Parece que eles estão prontos para sair para uma caminhada.)

I would say she has just played tennis/passed an exam/eaten a huge meal. (Eu diria que ela acabou de jogar tênis/passar em um exame/comer uma grande refeição.)

He might have just fininished work/lost something/been swimming/been asleep. (Ele pode ter acabado de terminar de trabalhar/perder alguma coisa/de nadar/de

estar dormindo.)
She must have been sitting/won the lottery/crashed the car/been having dinner.
(Ela deve ter ficado sentada/ganhado a loteria/quebrado o carro/jantado.)

They can't have finished yet/been waiting long/taken the picture themselves.
(Eles não podem já terem acabado/estarem esperando muito tempo/tirado a foto eles mesmos.)

Tente relacionar a imagem à sua *experiência* ou à area de *conhecimento*, abrindo a discussão a assuntos mais amplos. Em provas de níveis mais avançados, é possível que o examinador passe quase diretamente para essa fase, já pedindo comentários ou opiniões mais subjetivos em vez de informações factuais.

This reminds me of a person I know/of when I went to hospital.
(Isto me lembra uma pessoa que eu conheço/de quando eu fui para o hospital.)

The picture makes you think of... (Esta foto faz eu lembrar de...)

Actually it looks exactly like a friend of mine's house.
(Na verdade, parece exatamente como a casa de um amigo meu.)
similar to a place I used to go. (similar a um lugar que eu costumava ir.)

I find this picture interesting because my brother also...
(Eu acho esta foto interessante pois o meu irmão também...)

In fact, this is one of my favourite dishes, which I often cook... (De fato, este é um dos meus pratos favoritos, o qual eu cozinho com freqüência...)

It's lucky I got this picture, because I really like surfing/dogs. (Que sorte que eu peguei esta foto, porque eu realmente gosto de surfar/cachorros.)

It's a pity it wasn't a picture of... (E uma pena que não era uma foto de...)

EXERCÍCIO

Procure em revistas, livros ou suas fotos três imagens de lugares diferentes. Prepare respostas escritas para descrever e comparar as imagens, e dizer qual você prefere e por quê.

Para a imagem a seguir, prepare respostas escritas para descrever a) o que está acontecendo b) a aparência das pessoas e c) uma experiência sua relacionada ao tópico:

TAREFAS COLABORATIVAS

***PET** Speaking (2 e 4), **FCE** Speaking (3), **CAE** Speaking (3), **CPE** Speaking (2 e 3), **BEC** Preliminary, Vantage e Higher Listening*

A maioria dos exames internacionais também inclui uma parte em que é necessário interagir com a examinadora ou com outro candidato, geralmente para realizar algum objetivo ou chegar a algum acordo – resumindo e avaliando informações, colocando em ordem de preferência, negociando e tomando decisões. O estímulo para a tarefa pode ser um texto curto, comentários, imagem ou gráfico, anúncio, folder, convite etc.

Portanto, além das coisas que você fala, a sua habilidade de participar na conversa de uma forma equilibrada e de compartilhar o tempo disponível com outra pessoa (nos exames de Cambridge representa 20% da nota para a parte oral) e a sua *interação* serão avaliadas. Por esse motivo é preciso:

- Demonstrar que está escutando a outra pessoa por meio de expressões faciais, linguagem corporal, contato visual e atitudes de entusiasmo.
- Responder verbalmente ao que a outra pessoa está dizendo, concordando ou discordando (veja página 140), por intermédio de outros sinais como "mmm", "aha", "oh, really?" e "I see", e também perguntando se ele concorda com o que você está dizendo usando perguntas como:

Do you agree with me/that, or do you think [that]...?
(Você concorda comigo/com isso, ou o que você acha [de]...?)

What do you think [about that]? (O que você [acha de]...?)

How do you feel [about that]? (Como você se sente sobre?)

Don't you think/agree? (Você não acha/concorda?)

Wouldn't you say? (Você não diria que...?)

Tag questions (como o "né?" em português), por exemplo: *Isn't it? Doesn't it? Don't they? Have we? Should they? Are you?* etc. – veja página 184.

- Tome cuidado para não dominar a conversa – principalmente se o outro candidato não falar muito –, excluir a outra pessoa ou interromper de uma forma mal-educada. Tente pedir a opinião do outro e compare as opiniões de outras pessoas, em vez de simplesmente dar a sua. No caso do outro candidato estar dominando a conversa, e você sentir que vai perder a chance de falar, é possível usar frases como:

  Yes, that's true, and it's also true that...
  (Sim, isso é verdade, mas também é verdade que...)

  May I just interrupt for a moment there?
  (Posso interromper por um momento?)

  Could I just add something? (Posso só adicionar algo?)

  And another point is that... (E outro ponto é...)

  Would you mind if I made a quick point, please?
  (Você se importaria se eu fizesse uma observação rápida, por favor?)

  No, please, go ahead. (Não, por favor, continue.)

  I'm sorry, please carry on. (Desculpe, prossiga, por favor.)

Para se expressar melhor, divida as partes da conversa de acordo com as funções, como dar sua opinião, concordar ou discordar, convencer ou enfatizar. Além disso, vale a pena praticar com formas interrogativas (veja página 168), sempre formando perguntas variadas – *what, where, why, who, when, what time, how, how much/many, how long, how often, what kind of...* – imaginando que você está decidindo ou confirmando detalhes das situações usadas com freqüência na sua prova.

Opiniões

In my opinion... (Na minha opinião...) *If you ask me…* (Se você me perguntasse...) *From my point of view…* (Do meu ponto de vista...)

As far as I'm concerned… (Até onde eu sei...) *To be (perfectly) honest…* (Para ser honesto...)

I really believe that…(Eu realmente acredito que…) *It seems to me that…*(Parece-me que…)

I'm convinced that... (Estou convencido de que...)

I realise that not everyone would agree with me, but…
(Eu sei que não é todo mundo que concordaria comigo, mas...)

What I mean is/The point I'm trying to make is… (O que quero dizer é...)

Let me put it another way… (Deixe-me colocar em outra perspectiva…)

Concordar

I (totally) agree. (Concordo plenamente.) *That's a good point.* (Este é um bom argumento.)

I see (what you mean). (Sei o que você quer dizer.)

That's right/true. (Isto é certo/verdade.) *I think so too* (Eu acho isso também.)

Exactly/Absolutely! (Exatamente/Absolutamente!)

I couldn't agree with you more. (Eu não poderia concordar mais com você.)

Discordar ou corrigir

Really… do you think so? (Mesmo, você acha isso?)

That's interesting, because... (Isso é interessante porque...)

I'm not sure I agree actually. (Na verdade, não tenho certeza se concordo...)

The way I see it,… (Do jeito que vejo isto,...) *I'm afraid I have to disagree with there* (Temo dizer que vou ter de discordar disso.)

You can't be serious! (Você não pode estar falando sério!)

Convencer

I see what you mean, but don't you think...? (Eu entendo o que você quer dizer, mas você não acha...?

Wouldn't you agree that…? (Você não concordaria com…?)
Don't you see that [in fact]... (Você não percebe que…?)
Don't you think that…? (Você não acha que...?)

But surely… After all (Mas com certeza... depois de tudo)
If you remember that… (Se você lembrar que…)
Considering that… (Considerando que…)

Aceitar ponto/argumento do outro

Yes, I guess you're right [about that]. (Sim, acho que você está certo [sobre isso].)

I can see your point. (Eu entendo o seu ponto de vista.)

That's true I suppose. (Suponho que isto seja verdade.)

to a certain extent [but on the other hand...]
(até um certo ponto, [mas por outro lado…])

That maybe true, but on the other hand…
(Talvez isto seja verdade, mas por outro lado…)

Concluir ou voltar ao assunto

So, to sum up… (Então, para resumir...)
In conclusion then… (Concluindo então…)

So what did we decide [about]…? (Então o que decidimos [sobre]...?)

That still/just leaves the question of… (Isto ainda deixa a questão de…)

So anyway, what were we talking about?
(De qualquer forma, o que nós estávamos falando?

Where were we? (Onde estávamos?)

EXERCÍCIO

Prepare frases e perguntas para outro candidato para os dois exemplos a seguir:

1. Your photograph showed people eating and drinking. Now, I'd like you to talk together about the kind of food and drink that you like and don't like.
2. Your teacher has asked you to organise a class party at the end of the year. Talk to each other to decide the kind of party you would like to have, including the time, place, food, drink and music.

TÓPICOS GERAIS

***FCE** Speaking (4), **CAE** Speaking (4), **CPE** Speaking (3), **IELTS** Speaking (2 e 4), **BEC** Preliminary, Vantage e Higher Listening, **TOEFL** Speaking (3 e 4)*

Finalmente, nas provas orais é possível incluir discussões sobre tópicos bastante variados, principalmente: trabalho, educação, gostos, experiências pessoais, relacionamentos, entretenimento/lazer, esporte, viagens/turismo, sociedade, progresso, desenvolvimento social, hábitos/diferenças culturais, estilos de vida, modas, saúde, mídia, artes, emoções humanas (como felicidade), consumismo e o aprendizado de um idioma. Além disso, o examinador pode pedir para o candidato falar sobre notícias e novidades (locais, nacionais e internacionais), assuntos polêmicos atuais e suas experiências e opiniões relacionadas aos tópicos.

Mais uma vez, o objetivo é falar o máximo possível, dar detalhes, opiniões e reações, e não responder perguntas de uma forma curta nem ficar muito tempo pensando sobre uma resposta sem falar nada. Sempre tente abrir o assunto, procurando conexões com outros tópicos que vão dar a oportunidade para mostrar mais do seu inglês dentro do tempo limitado da prova. Além das frases na parte anterior:

It's a subject that's had a lot of media coverage recently.
(É um assunto que tem sido abordado bastante na mídia recentemente.)

It's certainly a very controversial issue [at the moment].
(Com certeza é um tópico bastante controverso [no momento].)

I read an article in the newspaper about... (Li um artigo no jornal sobre...)
I saw a program on TV/a news report. (Vi um programa na televisão/no noticiário.)

That raises the question of... (Isto levanta a questão de...)

In order to answer this question, you also have to consider…
(Para responder esta questão, você também deve considerar…)

It depends what you mean by/understand by…
(Depende do que você quer dizer/ do que você entende por...)

When you consider the fact that…
(Quando você considera o fato de que) *Given that...* (Considerando isto...)

You/we have to bear in mind that… (Você/nós temos de ter em mente que…)

If you take the example of….(Se você pegar como exemplo de …)

It's hard to draw the line between… and… (É difícil separar a linha entre... e...)

But where can you draw the line? (Mas onde podemos colocar limite?)

Don't get me wrong, but.. .(Não me leve a mal, mas…)

Correct me if I'm wrong, but I believe…
(Corrija-me se eu estiver errado, mas eu acredito…)

Let me get this straight... (Deixa eu ver se entendi...)

EXERCÍCIO

Prepare frases e perguntas para um outro candidato para os exemplos a seguir:

1. Do you think we rely too much on cars? What are the advantages and disadvantages of this?
2. How far do you think the Internet and television have changed people's reading habits?
3. Who should be taking action to protect the environment – *the government or the people?*
4. How important do you think it is to watch films in English?
5. How much would you say your health depends on what you eat?

Capítulo 4

Como se preparar para o dia da prova

Mesmo depois de fazer uma boa preparação no período que antecede a prova, é claro que o que vai valer mesmo é o seu desempenho no dia, sua habilidade de realizar totalmente seu potencial e mostrar todo seu conhecimento mesmo com a pressão das condicões de uma prova. Portanto, uma boa preparação mental e física é essencial se quiser enfrentar as questões com calma e com confiança, tanto nas horas antes da prova, quanto no começo, durante e no final da prova.

Ultima revisão

Nos dias anteriores à prova, faça um resumo de todas as áreas principais que estudou durante sua preparação. Com pouco tempo sobrando, o objetivo deve ser de *qualidade mais que quantidade*, concentrando-se nas áreas que *você* precisa melhorar. Outras dicas:

- Faça uma lista dos seus pontos fracos em uma folha ou em cartões de papelão ou cartolina separados, e sempre comece cada período de estudo com uma das áreas mais difíceis. Lembre-se de que a sua concentração é melhor no começo do período de estudo, então, quanto mais você ficar adiando o inevitável, mais difícil vai ser para derrubar os seus pontos fracos.
- Períodos curtos de estudo, com muitos intervalos e misturados com períodos de diversão, exercício ou relaxamento. Além de riscar tudo que já estudou na sua lista, para dar satisfação e confiança, use um sistema de recompensas depois de cada período de estudo: um chocolate, uma cerveja, um telefonema, leia o jornal...
- Enquanto está revisando o material, tente transformar cada tópico em uma série de perguntas, colocando-se na posição de um professor que deseja testar o seu conhecimento. Depois, na sua última revisão, é possível usar as perguntas para se autotestar, sempre falando as respostas em voz alta ou escrevendo em uma folha. Exemplos do tipo de questão que poderia usar:

  Quais são os dois tipos de comparativo/superlativo em inglês? Quais são as exceções?

  Dê uma palavra mais formal para estas palavras que fazem conexões entre as partes de um texto: a) and b) so c) but.

  Quando se pode usar "that" no lugar de "which" or "who"?

  Faça uma lista das partes do seu corpo.

  Escreva um exemplo dos três tipos principais de "conditional".

  Onde é a ênfase em palavras compostas?

- Use os *cuecards* que preparou durante os seus estudos (veja a página 33), e leve-os para qualquer lugar onde terá um tempinho para dar uma olhada. Depois da primeira revisão destes cartões, é possível criar cartões novos que resumam de uma forma ainda mais simplificada o material ou que incluam apenas os seus pontos fracos ou erros freqüentes.

Antes da prova

- Tenha uma boa noite de sono – não faça muita atividade física ou mental no dia anterior. Levante bastante cedo no dia da prova e deixe pronto na noite anterior tudo que vai precisar para a prova (incluindo as roupas que vai usar, canetas e lápis extras).

- Coma algo – comida leve e energética como cereais, pão ou biscoitos, frutas como banana ou frutas secas; não tome muito café ou álcool no dia anterior. Vá ao banheiro antes da prova!
- Use roupas confortáveis, de preferência que possam ser adaptadas à temperatura da sala. Use relógio.
- No dia da prova, o ideal é chegar com 10-15 minutos de antecedência, para não ficar ainda mais nervoso ou preocupado observando os outros candidatos se preparando (sempre dá aquela sensação de que você deveria ter feito ou esqueceu algo, abalando a sua confiança). Verifique o número da sala e exatamente como chegar a ela. Se tiver a oportunidade de visitar o local antes da prova, melhor ainda: a familiaridade com o ambiente vai ajudar a relaxar e pensar com mais eficiência. Para provas orais, vale a pena conversar em inglês com outro candidato enquanto está esperando sua vez.
- Confira os detalhes da prova: a duração, o número de questões, os tipos de questão, os tópicos principais e exatamente quantos pontos vai precisar em cada parte para conseguir o seu objetivo; não esqueca de que não é preciso acertar 100%, e que é possível conseguir o seu objetivo sem entender tudo da prova.
- Faça uma última revisão; embora não seja uma boa idéia passar as horas antes da prova desesperadamente "forçando" informações no seu cérebro. Períodos curtos com um material selecionado ajuda a armazenar algumas informações importantes na memória de curto prazo. Por exemplo, um resumo rápido de regras gramaticais, frases que são possíveis nas partes escritas e faladas ou as dicas para os exercícios mais difíceis.
- Tente relaxar – antes da prova, dê um tempo para se sentar em um ambiente agradável, escutar uma música relaxante, tomar banho ou dar uma volta no parque. Técnicas de respiração e meditação também ajudam a relaxar, como fechar os olhos e respirar fundo junto com uma música calma.

Começando a prova

- Fique tranqüilo – ficar nervoso pode parecer inevitável, mas é importante lembrar que, ao mesmo tempo, é uma reação natural do corpo em situações desafiantes, e qualquer ator, músico, atleta, político também fica nervoso na hora da sua "performance". Na verdade, na medida certa, é apenas adrenalina que proporciona aumento da energia mental e física. Entretanto, vale a pena fazer um exercício simples para relaxar nos momentos iniciais após estar sentado na sala da prova. Feche os olhos e imagine a tensão saindo do seu corpo por mãos e os pés, ou pense em cada parte do corpo em seqüência (braços, pernas, costas, nádegas e finalmente cabeça) sentindo como está ficando mais relaxado.

- Não comece a prova muito rápido... dê um tempo para checar todas as páginas da prova, e todas as questões que é preciso responder. Calcule exatamente quanto tempo vai gastar em cada parte, de acordo com o número de questões disponíveis.
- *Para cada questão, leia as instruções com muito cuidado!* Sublinhe palavras-chave nas instruções; e para respostas escritas mais longas, anote em outras palavras exatamente o que a questão está pedindo para você fazer e os pontos principais da sua resposta. Acima de tudo, nunca comece uma resposta sem ter certeza absoluta do que é preciso fazer.
- *Sempre inicie com as questões mais fáceis* ou suas áreas mais fortes, para dar mais confiança e deixar o cérebro funcionando melhor antes de fazer as partes mais difíceis. Além disso, não pense que é preciso completar todas as partes de uma questão antes de continuar, porque se você perder muito tempo em uma parte difícil vai deixar menos tempo para fazer uma questão mais fácil em uma outra parte da prova, e também pode deixar você mais nervoso e menos capaz de se concentrar. Porém, não esqueca de marcar de uma forma bem visível as partes que vai deixar para voltar depois, talvez utilizando um símbolo da sua escolha.

Durante a prova

- *Anotações*: não tenha medo de usar qualquer folha da prova para resumir, fazer planos, escrever palavras em rascunho etc. Aproveite qualquer momento para ler as instruções novamente, sublinhar e fazer anotações. É apenas necessário tomar cuidado para não apagar qualquer coisa que corrigiu e deixar bem claro o que é uma anotação e não uma resposta. E para quem gosta de usar corretivo, não esqueça de voltar quando o corretivo secar!
- *Respostas que devem ser escritas*: escreva apenas *uma vez*, para deixar mais tempo para planejar e corrigir seu trabalho. Na hora da prova, "é melhor escrever o que você ja sabe, não o que gostaria de dizer", ou seja, dê preferência para vocabulário e estruturas que são mais fáceis para você.
- *Intervalos*: bem como durante a sua preparação para a prova, é possível ser mais produtivo dando um tempinho para pensar ou relaxar em vez de sempre ficar lendo ou escrevendo como um maluco.
- *Bloqueio mental*: se você "tiver um branco", não entre em pânico. Primeiro, admita que está em apuros, e fale para você mesmo "estou meio nervoso, preciso dar um tempo", não gaste muito tempo desesperando-se, relaxe e tente pensar em algo agradável antes de continuar, ou na situação onde você aprendeu a questão que está tentando resolver. Se você ainda não conseguir lembrar, continue com outra questão e volte no final da

prova. Às vezes a proximidade do término da prova deixa o cérebro mais relaxado e capaz de recordar informações perdidas.

Terminando a prova

Um conselho muito comum que infelizmente poucos candidatos seguem na hora da prova:

Sempre deixe um tempo para checar todas as suas respostas pelo menos uma vez!

É muito mais produtivo usar os minutos ou segundos finais para procurar erros de gramática ou ortografia, do que ficar tentando responder as questões mais difíceis que você provavelmente vai acabar chutando de qualquer forma. Faz uma grande diferenca utilizar esse tempo, pois você quase sempre termina eliminando um número surprendente de erros que os examinadores iriam perceber. Esse tempo também dá ao seu cérebro a oportunidade de relaxar um pouco, possivelmente produzindo uma resposta que você estava procurando anteriormente. Lembre-se também de *nunca deixar nada em branco*, mas sim fazer chutes inteligentes baseados nas informações que tem e no seu bom senso.

Capítulo 5

Exames de inglês ministrados no Brasil

Hoje em dia existe uma variedade de exames ministrada por organizações internacionais, dominada por um lado do Atlântico pela Universidade de Cambridge (que ministra os exames First Certificate e IELTS, entre outros), e por outro pela English Testing System (que ministra os exames de TOEFL e TOEIC, entre outros). Além disso, há exames ministrados por organizações ou universidades menores como Michigan, Trinity e Oxford-Arels, mas apenas os exames de Michigan podem ser realizados no Brasil.

A grande questão de muitos alunos é: *Qual exame eu deveria fazer*? A resposta depende dos seus objetivos e do tipo de situação em que você vai usar o seu inglês, porque existem exames para todos os tipos de candidato. Você quer uma qualificação para conseguir um emprego melhor? Quer fazer um curso ou trabalhar no exterior? Precisa melhorar uma habilidade específica, como ler, escrever, escutar ou falar? Ou simplesmente gostaria de ter algum comprovante do seu nível atual, como uma das etapas para verificar o seu progresso geral no idioma e como um incentivo para chegar ao próximo nível?

Para escolher um exame, primeiro pense bem sobre seus objetivos de longo prazo, e use o resumo dos pontos principais dos maiores exames que podem ser encontrados nas páginas 154 e 161 para saber qual é o melhor exame para você. Confira o conteúdo de cada exame e quais habilidades são mais testadas, além de quais são os exames mais populares do mundo e quais são mais reconhecidos por instituições comerciais e acadêmicas. Depois de fazer sua escolha, procure mais informações sobre o exame em uma livraria, biblioteca ou Internet, além do centro mais próximo para realizar o exame, as datas e o custo.

A seguir, vou apresentar um resumo das características principais dos maiores exames* e, depois, uma análise mais detalhada de todas as questões que é preciso fazer em cada exame. Enquanto está lendo, tente responder a estas perguntas: Qual exame é o melhor para você, e por quê? Quantas partes tem a prova? Que tipo de questão você precisa fazer em cada parte e quanto tempo tem para completá-la? Quais são as questões mais fáceis e mais difíceis para você? Como pretende melhorar as áreas mais difíceis (veja a página 8)?

Vestibular

Como as provas do vestibular são preparadas por universidades diferentes, existe bastante variedade no formato e conteúdo. Porém, a maioria avalia o seu nível de inglês por apenas um estilo de prova, que geralmente combina leitura, com algumas respostas escritas, e elementos de vocabulário e gramática. Portanto, o sucesso no vestibular depende de praticar leitura de uma forma consistente e variada ou como nas palavras de Carlos Augusto Pereira,** siga três conselhos: "leia, leia e leia!". Durante a sua leitura, faça anotações ou sublinhe palavras importantes, combinações de palavras, cognatos e falsos cognatos; procure vocabulário novo no dicionário e faça listas de acordo com tópicos ou tipos de palavra.

Além disso, algumas provas pedem para que o candidato faça uma parte escrita, questões de compreensão ou uma entrevista curta em inglês. Se você vai fazer uma prova de vestibular em inglês, o importante é analisar muito bem pro-

---

* As informações contidas nesta parte do livro estão de acordo com os dados disponíveis até a data de publicação.

** *Inglês para o Vestibular* (Campus/Elsevier).

vas antigas para saber as questões mais freqüentes, e, quando possível, entrar em contato com as pessoas responsáveis pela prova para se informar sobre o tipo de prova que vai ser aplicada. Depois, use a lista de questões no Capítulo 3 para fazer uma preparação direcionada especificamente a cada prova diferente que vai fazer.

Em muitos casos, as provas de vestibular seguem um padrão tradicional de avaliação, e, portanto, é possível prever com bastante probabilidade o tipo de excercício que vai enfrentar. Com base nas minhas pesquisas, vou apresentar, de acordo com a ordem de freqüência, algumas questões comuns nas provas das grandes universidades brasileiras:

- *Múltipla escolha ou Falso/Verdadeiro*: o exercício mais comum são questões de compreensão, cada uma com quatro ou cinco opções para escolher a resposta. Algumas provas dão opções para combinar palavras ou frases com suas definições, seus sinônimos, sua função gramatical ou com partes específicas do texto.
- *Preencher lacunas*: com ou sem opções para escolher. Geralmente é preciso completar textos curtos, e às vezes, frases soltas.
- *Respostas escritas* (em inglês ou português): lembre-se de que as respostas estão claramente expressas no texto, e que às vezes é preciso escrever de uma forma um pouco diferente em vez de simplesmente copiar diretamente do texto.
- *Dar definições de palavras/frases do texto*, ou combinar palavras e definições. Cuidado especialmente com falsos cognatos e com a forma na qual a palavra é usada (substantivo, adjetivo, advérbio, gerúndio, negativo etc.).
- *Explicar pontos de gramática ou vocabulário*, por exemplo, um tempo verbal, um verbo modal ou um marcador de discurso. Muitas vezes é necessário explicar a função de uma palavra, o motivo que está no contexto.
- *Procurar no texto*: ponto de gramática (exemplo: Passive, Present Perfect, Conditionals), sinônimos, traduções ou palavras/números de referência.
- *Resumos do texto*: combinar frases com parágrafos/partes do texto ou selecionar frases que são incluídas no texto.
- *Traduções* de frases ou textos curtos.

University of Cambridge ESOL (Britânico)
Ministrados no Brasil pela British Council ou Cultura Inglesa.
Geralmente oferecendo 4 datas por ano
(março, junho, setembro e dezembro)
Mais informações no site www.cambridgeesol.org

Inglês geral (cinco níveis) KET → PET → FCE → CAE → CPE

EXAME	PARTES	PARA	VANTAGENS
Key English Test (KET) Preliminary English Test (PET)	Reading/Writing Listening Speaking	Níveis mais básicos, especialmente para alunos mais jovens, e preparação para o curso de First Certificate	Boa introdução ao sistema e ao formato dos exames. Oferece objetivo específico e disciplina para estudar
First Certificate (FCE) Advanced (CAE) Proficiency (CPE)	Reading Writing English in Use Listening Speaking	Profissionais: para trabalhar com inglês, ou como um reconhecimento geral da sua proficiência	Melhor avaliação de todas as áreas do idioma. Possui três níveis distintos, representa progresso no longo prazo. Reconhecimento internacional por instituições comerciais. Validade do exame é ilimitada.

Inglês para estudar ou trabalhar → IELTS

EXAME	PARTES	PARA	VANTAGENS
International English Language Testing System (IELTS)	Listening Speaking Reading Writing	Acadêmicos e profissionais: para trabalhar/estudar no exterior	Muito versátil. Apenas um nível* – relativamente fácil a prepararação. Bastante reconhecido na Europa, Austrália e Nova Zelândia, e crescendo rápido no resto do mundo.

* No caso de IELTS e TOEFL/TOEIC, não existe a opção de ser aprovado ou reprovado, e o sucesso depende da nota pedida pela instituição acadêmica ou comercial, na qual o candidato deseja estudar ou trabalhar.

Inglês para negocios → BEC

EXAME	PARTES	PARA	VANTAGENS
Business English Certificate (BEC): Preliminary, Vantage e Higher	Reading Writing Listening Speaking	Quem quer trabalhar ou estudar na área de negócios	Especialização em comunicação e interação empresarial. Progresso a longo prazo por meio de três níveis

KEY ENGLISH TEST (KET)

Reading/Writing – 9 partes, 70 minutos

(1) a (5) *Leitura*: variedade de textos curtos, questões que avaliam a compreensão do inglês escrito no nível de palavras, frases e textos curtos.

(6) a (9) *Escrita*: questões que avaliam a habilidade de escrever palavras soltas e combinações de palavras em frases básicas.

Listening – 5 partes, 30 minutos (incluindo 8 min. para transferir respostas), escutar duas vezes

(1) a (5) Mistura de diálogos curtos e longos com monólogos; questões para avaliar o entendimento do inglês falado em situações reais e sobre diversos tópicos.

Speaking – 8-10 minutos por dois candidatos, junto com dois examinadores

(1) Interação com o examinador; fazer e responder a perguntas sobre informações pessoais e factuais.

(2) Interação com outro candidato; expressar opiniões e preferências básicas, responder de uma forma apropriada.

Escala: **Aprovado** = Pass with merit, Pass. **Reprovado** = Narrow fail, Fail.

PRELIMINARY ENGLISH TEST (PET)

Reading/Writing – 8 partes, 90 minutos

(1) a (5) *Leitura*: variedade de textos curtos e mais longos, questões para avaliar a compreensão do inglês escrito no nível de palavras, frases, parágrafos e textos.

(6) a (8) *Escrita*: questões avaliam a habilidade de escrever em inglês, incluindo variações de frases simples e exemplos de texto contínuo.

Listening – 4 partes, 30 minutos (incluindo 8 mins. para transferir respostas). Escutar duas vezes.

(1) a (4) Mistura de diálogos curtos e longos com monólogos; questões para avaliar o entendimento do inglês falado em situações reais e sobre diversos tópicos.

Speaking – 10-12 minutos por dois candidatos, junto com dois examinadores
(1) Interação com o examinador: fazer e responder a perguntas sobre informações pessoais e factuais.
(2) e (4) Interação com outro candidato: completar tarefa básica, expressar opiniões e preferências básicas, responder de forma apropriada.
(3) Discurso estendido: falar sobre variedade de tópicos de interesse pessoal.

Escala: **Aprovado** = Pass with merit, Pass. **Reprovado** = Narrow fail, Fail.

FIRST CERTIFICATE (FCE)

Reading – 4 partes, 75 minutos
(1) Texto com tarefa de *multiple matching* – combinar opções com partes de um texto.
(2) Texto com questões de múltipla escolha.
(3) Texto com lacunas para preencher.
(4) Texto com tarefa de *multiple matching*.

Writing – 2 partes, 120-180 palavras cada, 90 minutos total
(1) Compulsório: carta baseada em informações ou pontos a seguir. Pode ser uma carta formal ou informal.
(2) Quatro opções: as três primeiras podem ser carta, relatório, artigo, história ou redação em que é necessário expressar sua opinião; a última é baseada em um dos livros selecionados anualmente.

English in Use – 5 partes, 75 minutos
(1) Texto com lacunas, múltipla escolha com 4 opções.
(2) Texto com lacunas, sem opções.
(3) Transformação de palavras-chaves.
(4) Correção de erros em um texto curto.
(5) Construção de palavras a partir da raiz.

Listening – 4 partes, 40 minutos, escutar 2 vezes
(1) Extratos com questões de múltipla escolha.
(2) Completar frases ou anotações.
(3) *Multiple matching* – combinar opções com partes de uma gravação.
(4) Seleção de respostas de duas ou três opções.

Speaking – 4 partes, 14 minutos, dois candidatos e dois examinadores
(1) Informações pessoais.
(2) Imagens para avaliar e/ou comparar.
(3) Tarefa colaborativa, interagindo com outro candidato.
(4) Discussão, trocando informações e opiniões sobre o tópico da parte (3).

Escala: A, B, C (aprovado); D, E (reprovado) para cada parte e para a nota final

CERTIFICATE IN ADVANCED ENGLISH (CAE)

Reading – 4 partes, 75 minutos
(1) Texto com tarefa de *multiple matching* – combinar opções com partes de um texto.
(2) Texto com questões de múltipla escolha.
(3) Texto com lacunas para preencher.
(4) Texto com tarefa de *multiple matching*.

Writing – 2 partes, aproximadamente 250 palavras cada, 2 horas
(1) Compulsório: primeiro, ler um texto de +/- 400 palavras, depois, fazer uma tarefa relacionada, como: carta formal, artigo, relatório, proposta, mensagem, avaliação, instruções ou direções.
(2) Ecolher uma de quatro opções, baseado em *input* de até 80 palavras. Mesma variedade de tópicos que na parte (1).

English in Use – 6 partes, 90 minutos
(1) Texto com 15 lacunas, múltipla escolha com 4 opções.
(2) Texto com 15 lacunas, sem opções.
(3) Correção de erros em um texto (palavras adicionais ou pontuação).
(4) Construção de palavras a partir da raiz; 2 textos com 15 lacunas.
(5) Transferência de informações entre 2 textos (sem repetir palavras).
(6) Texto com lacunas, completar com frases curtas, com opções adicionais.

Listening – 4 partes, 45 minutos, escutar 2 vezes, exceto parte 2
(1) Monólogo de 2 minutos, fazer anotações ou completar frases.
(2) Monólogo de 2 minutos (escutar uma vez), fazer anotações ou completar frases.
(3) Conversação de 4 minutos entre duas ou três pessoas, completar frases ou responder a questões de múltipla escolha.
(4) 5 extratos curtos de 30 segundos cada, fazer um *multiple matching* (selecionar de duas listas de 8 opções), ou questões de múltipla escolha.

Speaking – 4 partes, 15 minutos, dois candidatos e dois examinadores
(1) Informações pessoais; perguntas/respostas dos candidatos e um examinador – 3 minutos.
(2) Imagens para avaliar e comparar. Cada candidato fala durante 1 minuto, e também trocam informações entre si – 3-4 minutos.
(3) Tarefa colaborativa, baseada em estímulos visuais (fotografia, desenho, diagrama).

Os candidatos devem cumprir a tarefa por meio de seleções, sequências, ranking, comparações e contrastes – 3-4 minutos.
(4) Discussão, trocando informações e opiniões sobre o tópico da parte (3) – 3-4 minutos.

Escala: A, B, C (aprovado); D, E (reprovado) para cada parte e a nota final

CERTIFICATE OF PROFICIENCY IN ENGLISH (CPE)

Reading – 4 partes, 90 minutos
(1) 3 textos com 6 lacunas em cada, múltipla escolha com 4 opções.
(2) 4 textos do mesmo tópico com duas questões de múltipla escolha para cada um.
(3) Texto faltando algumas partes, selecionar parágrafos apropriados.
(4) Texto mais longo com 7 questões de múltipla escolha com 4 opções cada uma.

Writing – 2 partes, 300-350 palavras cada, 2 horas
(1) Compulsório: texto de +/- 100 palavras, e depois uma tarefa relacionada: artigo, relatório, redação, carta ou proposta.
(2) Quatro opções; as três primeiras podem ser artigo, carta, relatório, proposta, ou avaliação. A quarta questão é baseada em um dos livros escolhidos anualmente.

English in Use – 5 partes, 90 minutos
(1) Texto com 15 lacunas, sem opções.
(2) Construção de palavras a partir da raiz; texto com 10 lacunas.
(3) Frases com lacunas, selecionar palavra que se encaixa em cada uma das três frases.
(4) Transferência de palavras-chave; completar 8 frases usando entre 3 e 8 palavras para cada, incluindo a palavra-chave especificada.
(5) 2 textos com 2 questões para cada um; resumir e selecionar informações relevantes.

Listening – 4 partes, 40 minutos, escutar 2 vezes
(1) 4 extratos curtos de monólogos ou diálogos; 2 questões de múltipla escolha para cada um, 3 opções para cada questão.
(2) Monólogo; completar 9 frases com informações apropriadas.
(3) Diálogo; 5 questões de múltipla escolha com 4 opções.
(4) Diálogo; combinar 6 frases com a(s) pessoa(s) que usou no texto.

Speaking – 3 partes, 19 minutos, dois candidatos e dois examinadores
(1) Informações pessoais; perguntas/respostas dos candidatos e um examinador – 3 minutos.

(2) Dois candidatos cumprem tarefa com decisões negociadas por meio de estímulos visuais e falados – 6 minutos.
(3) Cada candidato fala durante 2 minutos sobre uma questão escrita, depois candidatos e examinador discutem o tópico durante mais 8 minutos.

Escala: A, B, C (aprovado); D, E (reprovado) para cada parte e também para a nota final

INTERNATIONAL ENGLISH LANGUAGE TESTING (IELTS)

Listening – 3 partes, +/- 40 questões, 30 minutos (incluindo tempo para transferir respostas). Vai ouvir as gravações uma vez. O nível de dificuldade das questões aumenta de acordo com o decorrer da prova.

(1) e (2) *Baseadas em situações sociais*: uma conversa entre 2 pessoas ou um monólogo.
Mistura múltipla escolha, respostas curtas ou frases; combinar opções e completar diagramas, tabelas ou resumos.
(3) e (4) *Baseadas em situações educacionais ou de treinamento*; uma conversa entre até 4 pessoas e uma apresentação, aula ou palestra. As questões são da mesma variedade que nas duas primeiras partes.

Reading – duas opções: *Academic Reading* ou *General Reading*. As duas têm 3 partes (1500-2500 palavras em total), +/- 40 questões, e duração de 60 minutos. O nível de dificuldade das questões aumenta de acordo com o decorrer da prova.

Academic (1), (2) e (3): Textos de revistas, jornais, livros e relatórios. Não são relacionados a nenhuma disciplina, mas são em um estilo apropriado a cursos de universidade e pós-graduação. Há mistura de múltipla escolha, respostas curtas e frases, escolha de subtópicos, identificar opiniões ou atitudes do autor, combinar opções e completar diagramas, tabelas ou resumos.

General (1), (2) e (3): Textos de jornais e revistas anúncios, propagandas, folhetos, folders, jornais e revistas. Na primeira parte, é preciso procurar informações factuais; na segunda, linguagem no contexto de treinamento; na terceira, texto maior com foco em descrição ou instrução. As questões são similares ao Academic Reading.

Writing – duas opções: *Academic Writing* ou *General Writing*. As duas têm 2 tarefas e duração de 60 minutos.
Academic (1): Baseada em diagrama, tabela ou texto curto; resumir e comparar informações de uma forma clara e organizada, com vocabulário e gramática de nível apropriados (+/- 150 palavras em 20 minutos).

(2) Apresentar argumento ou discutir questão; responder a questão de uma forma clara e organizada, dar e justificar a sua opinião, avaliar e comparar idéias por meio de vocabulário, gramática e estilo apropriados (+/- 250 palavras em 40 minutos).

General: (1) Uma carta para responder a uma situação ou a um problema específico; completar a tarefa de uma forma clara e organizada, dar e pedir informações, expressar opiniões, desejos e preferências por meio de vocabulário, gramática e estilo apropriados (+/- 150 palavras em 20 minutos).
(2) Apresentar argumento ou discutir questão; completar a tarefa de uma forma clara e organizada, dar e justificar a sua opinião, avaliar e comparar idéias por meio de vocabulário, gramática e estilo apropriados (+/- 250 palavras em 40 minutos).

Speaking – 4 partes, 15 minutos, um candidato e um examinador
(1) Introdução: apresentar-se, dar informações pessoais básicas.
(2) Tópicos gerais: explicação e descrição.
(3) Fazer perguntas: tarefa baseada em uma situação ou em um problema. É preciso fazer perguntas ao examinador para obter informações relevantes.
(4) Planos acadêmicos e profissionais: demonstrar a habilidade de investigação e defesa de seu ponto de vista.

Escala: de 1 a 9 para cada parte e para a nota final
Validade do resultado: 2 anos

BUSINESS ENGLISH CERTIFICATE (BEC)

Resumo dos 3 níveis – Preliminary, Vantage e Higher

Preliminary Reading and Writing: 9 partes, 90 minutos
(1) *Reading*: 7 partes, questões de múltipla escolha; preencher lacunas ou formulários e combinar opções com o texto.
(2) *Writing*: 2 partes: a primeira comunicação interna de empresa de 30-40 palavras, a segunda uma comunicação de negócios de 60-80 palavras.

Vantage e Higher Reading: 5 e 6 partes respectivamente, 60 minutos
Textos com questões de múltipla escolha; preencher lacunas com palavras e frases, combinar opções com o texto e identificar erros.

Preliminary, Vantage e Higher Listening: 4, 3 e 3 partes, respectivamente, 40 minutos.
Monólogos e diálogos incluindo entrevistas, discussões, conversas ao telefone e mensagens, com questões de múltipla escolha; preencher lacunas e formulários, completar frases ou combinar opções com a gravação.

Preliminary, Vantage e Higher Speaking
2 candidatos e 2 examinadores, duração de 12, 14 e 14 minutos, respectivamente. Candidatos precisam responder a perguntas, fazer uma miniapresentação de 1 minuto, completar uma tarefa colaborativa com outro candidato e fazer parte de uma discussão com este e o examinador.

Vantage Writing: 2 partes compulsórias, 45 minutos
(1) Comunicação interna de empresa de 40-50 palavras.
(2) Relatório curto, proposta ou correspondência de negócios, baseado em um texto de 120-140 palavras.

Higher Writing: 2 partes, 70 minutos
(1) Relatório curto, baseado em um texto de 120-40 palavras.
(2) Relatório, proposta ou correspondência de negócios.

Escala: **Aprovado** = Pass with merit, Pass; **Reprovado**: Narrow fail, Fail

English Testing System (Americano)
Ministrados no Brasil pelos centros biculturais
norte-americanos como IBEU (RJ),
UCA (SP), CCBEU (BH), ICBNA (Porto Alegre) e Inter-Americano (Curitiba)
Mais informações em www.ets.org

Inglês profissional → TOEIC Inglês acadêmico → TOEFL

<table>
<tr><th>EXAME</th><th>PARTES</th><th>PARA</th><th>VANTAGENS</th></tr>
<tr><td>TOEIC (Centro oficial)</td><td>Listening
Reading
Speaking (curto)</td><td>Profissionais: para trabalhar e viajar</td><td rowspan="2">Os dois tem grande reconhecimento na América do Norte. TOEIC é o mais popular do mundo, e relativamente curto, enquanto o TOEFL faz uma avaliação mais completa das suas habilidades. Os dois usam muitas questões de múltipla escolha, que facilitam a prepararação. São feitas em um dia, com datas freqüentes e resultado dentro de +/- 2 semanas.</td></tr>
<tr><td>TOEFL (Internet)</td><td>Listening
Speaking
Reading
Writing</td><td>Acadêmicos: para estudar com inglês, especialmente na América do Norte</td></tr>
</table>

ETS também oferece um exame especializado para avaliar apenas sua habilidade oral, o **Test Of Spoken English (TSE)**.

TOEFL (INTERNET BASED TEST)

Reading – 3-5 textos de 650-750 palavras, 60-100 minutos. Inclui elementos de gramática e vocabulário.

(1) a (3) Textos curtos sobre assuntos diferentes; 1 ponto para cada questão, exceto a última questão de cada parte (que recebe mais pontos). Algumas palavras são marcadas em azul e têm a definição do lado. O programa também permite voltar automaticamente no final para todas as questões que não foram respondidas.

Todas as partes são baseadas em ***questões de múltipla escolha com quatro opções***, e apresentam tarefas dos seguintes tipos:

- Definições de palavras (ou dedução do sentido por meio de contexto).
- Referências para outras partes do texto.
- Escolher frases que resumam detalhes do texto, do sentido do texto ou das intenções do autor.
- Encaixar palavras em uma frase.
- Completar tabela ou resumo.

As questões que resumem os pontos principais do texto geralmente vêm no final de cada parte, e valem dois pontos.

Listening – 6 partes, 60-90 minutos, você pode escutar uma vez

(1) a (6) Monólogos e diálogos baseados em situações acadêmicas, palestras e aulas, conversações entre professor e aluno ou entre dois alunos etc. Questões de múltipla escolha baseadas em um resumo dos pontos principais ou em partes específicas ou escolha de opções de uma lista.

Speaking – 6 partes, 20 minutos. Geralmente 15-30 segundos para preparar a resposta e 30-60 segundos para responder. O candidato também precisa fazer anotações, sublinhar palavras/frases em um texto ou interpretar sentidos e opiniões.

(1) Experiência pessoal: falar sobre uma pessoa, um lugar, um objeto ou um evento familiar.
(2) Preferência pessoal: sobre duas possíveis ações ou situações.
(3) Ler/escutar/falar (situação): falar da conexão entre texto e gravação.
(4) Ler/escutar/falar (acadêmico): idem ao anterior, mas sobre assuntos acadêmicos.
(5) Escutar/falar: problemas e soluções.
(6) Escutar/falar: aula ou palestra.

Writing – 2 partes, 50 minutos
(1) 150-225 palavras, 20 minutos. Tarefa baseada em um texto escrito e/ou gravação (+/- 3 minutos). Por exemplo: resumir uma palestra, anotar informações específicas ou comparar o texto escrito e o texto falado. Ênfase em apresentar informações de uma forma objetiva, sem deixar sua opinião influenciar sua resposta.
(2) Mínimo de 300 palavras, 30 minutos. Questões do tipo discursiva, baseadas em conhecimentos e experiências, principalmente sobre tópicos acadêmicos. Ênfase em fornecer razões específicas com exemplos para reforçar sua resposta.

Escala: 0-30 para cada parte, 0-120 para a nota final.
Validade do resultado: 2 anos.

TOEIC

Reading – 75 minutos, 100 questões, inclui elementos de gramática e vocabulário
(1) Frase incompletas (40): preencher lacunas.
(2) Reconhecer erros (20): frases com 4 partes sublinhadas, decidir qual é o erro
(3) Compreensão de leitura (40): anúncios, cartas, formulários, artigos de jornais/revistas, propaganda: textos curtos com 2/3 questões de múltipla escolha para cada um.

Listening – 45 minutos, 100 questões, extratos curtos, escutar uma vez
(1) Fotógrafo (20 itens): 4 frases orais, escolher qual descreve melhor a imagem.
(2) Respostas (30): perguntas ou frases com três respostas possíveis, escolher resposta apropriada.
(3) Diálogos curtos (30): responder questões com quatro opções.
(4) Monólogos curtos (20): anúncio, reunião, conversa. Responder questões com quatro opções.

Speaking – duração curta
Tempo para responder a perguntas pessoais e a um questionário curto sobre a sua história educacional e profissional.

Escala: 10-990 pontos para a nota final.
Validade do resultado: 2 anos.

Apêndice I

Gramática

Esta parte representa apenas um resumo dos pontos principais, os que refletem *os erros mais comuns* de alunos brasileiros ou causam confusão com freqüência. Para uma análise mais completa da gramática inglesa veja as indicações na página 19.

RESUMO DE TEMPOS VERBAIS PRINCIPAIS

	Simple	Continuous (To be + ...ing)	Perfect (To have + pp*)	Perfect Continuous (To have + been +...ing)
Present	I live	I am (I'm) living	I have (I've) lived	I have (I've) been living
Past	I lived	I was living	I had (I'd) lived	I had (I'd) been living
Future	I will (I'll) live	I will (I'll) be living	I will (I'll) have lived	I will (I'll) have been living

PRESENT PERFECT

Simple	Have/Has + particípio passado (*a 3ª forma do verbo)
Continuous	Have/Has + been + verbo com -ing

1. Passado não-terminado = ações que começaram no passado mas não terminaram ainda:

I *have lived* (I've lived) in Rio since 2002.
(Moro no Rio desde 2002.)

She *has been* (She's been) wait*ing* for 20 minutes.
(Ela está esperando há 20 minutos.)

Se a ação já terminou, usa-se o *Past*:
I *lived* in Rio for 2 years. (Morei no Rio durante 2 anos.)
She *waited* for 20 minutes. (Ela esperou 20 minutos.)

2. **Passado não-determinado** = ações no passado, mas *sem um tempo específico*, porque:

a) **Aconteceu no passado geral**, na sua experiência/vida, e quando aconteceu não for considerado importante:

Have you ever *been* to Paris? Yes, I *have*.
(Você já esteve em Paris? Sim, já estive lá.)

I'*ve seen* "City of God" 3 times. *Have* you *seen* it?
(Eu já vi "Cidade de Deus" 3 vezes. Você já viu?)

No primeiro exemplo, a palavra "ever" é usada para enfatizar "a primeira vez em qualquer momento da sua vida". Por outro lado, se você está falando sobre um tempo mais específico, usa-se o *Past*:

Did you *go* to Paris when you were in France?
(Você foi para Paris quando estava na França?)

I *saw* "City of God" last year.
(Eu vi "Cidade de Deus" no ano passado.)

b) **Aconteceu no passado recente**; é mais importante o que aconteceu *há pouco tempo atrás* do que exatamente quando aconteceu. Este tipo é menos usado no inglês americano.

We'*ve bought* a new car.
(Compramos um carro novo.)

My parents *have just arrived.*
(Os meus pais acabaram de chegar.)

He'*s been playing* football.
(Ele estava jogando futebol.)

No segundo exemplo, a palavra "just" serve para enfatizar que algo *acabou de acontecer*, que aconteceu recentemente, mas sem o tempo específico. Quando o tempo é determinado, por outro lado, use-se o *Past*:

We *bought* a new car two weeks ago.
(Compramos um carro novo há duas semanas atrás.)

My parents *arrived* on Thursday.
(Os meus pais chegaram na quinta-feira.)

Outras palavras muitas vezes usadas com Present Perfect:

Yet: *Have* you *met* her parents yet? (Você já conheceu os pais dela?)
I *haven't met* them yet. (Não conheci eles ainda.)

Still: We still *haven't moved* house. (Ainda não mudamos de casa.)

Already: She's already *sent* the cheque. (Ela já mandou o cheque.)

O FUTURO

As formas mais comuns

	INTENÇÕES	PREVISÕES
1. WILL	a) Decidido no momento; reações; ofertas, pedidos, promessas, ameaças etc.	b) Baseadas na sua opinião ou conhecimento de comportamento típico.
2. GOING TO	a) Já decidido antes de falar – planos pessoais.	b) Com evidência no presente, quase acontecendo.
3. PRESENT CONTINUOUS (Opcional)	Organizado com outra(s) pessoa(s).	

1. a) **A**: This is so heavy! **B**: I'*ll help* you (**A**: É tão pesado! **B**: Vou te ajudar.)
   b) I think she'*ll* probably *be* late. (Acho que provavelmente ela vai atrasar.)
2. a) I'*m going to study* hard. (Vou trabalhar bastante.)
   b) Be careful, you'*re going to fall*! (Cuidado, você vai cair!)
3. I'*m having* lunch with Xuxa. We'*re meeting* at Bob's.
   (Vou almoçar com a Xuxa. Vamos nos encontrar no Bob's.)

As formas menos comuns

4. PRESENT SIMPLE	Horários ou ações repetidas com freqüência.
5. FUTURE CONTINUOUS (Will be + ... -ing)	Atividade em progresso em um tempo específico no futuro.
6. FUTURE PERFECT (Will have + pp/Will have + been + ... -ing)	Ação que será completada (ou terá uma certa duração) até um tempo específico no futuro.

4. What time *does* the train *leave*? (A que horas sai o trem?)
5. Tomorrow I'*ll be lying* on the beach. (Amanhã vou estar deitado na praia.)
6. We'*ll have finished* by next week. (Vamos terminar até a semana que vem.)

FORMAS INTERROGATIVAS

Perguntas diretas (veja "tempos verbais" na página 165)

Present Simple: Where **DO** you work? Why **DOES** she have a dog?
(Exceções: *to be* e *to have got*: How **is she**? **Has he got** a car?)

Past Simple: **DID** you buy the CD? How **DID** she get home?
(Exceção: "to be": How old **were you**? Why **was he** so angry?)

Present/Past Continuous: What **are/were** you doing? **Is/was** he playing?

Present/Past Perfect: **Have you** finished? **Has he** paid? **Had he** been waiting long?

Verbos modais: **Can/could you** help me?
Should I call her?
Would you believe it?

Sujeito da frase: Who **lives** upstairs?
Who **ate** my candy?

Perguntas indiretas (+ a forma positiva):

Do you know	*where the bathroom is*
Can/could you tell me	*how much it costs*
I'd like to know	*why she didn't come*
I wish I knew	*how many rooms there are*
I don't know/understand	*who broke the stereo*
I have no idea	*when she's coming*
I'm not sure	*what she looked like*

I can't remember	*how often she goes home*
I've forgotten	*what time the film starts*

Perguntas relatadas (quando você relata o que outra pessoa já perguntou)

(i) Mudança de tempo verbal:
Present → Past, Past/Present Perfect → Past Perfect
Will → Would, Can → Could

(ii) Forma positiva (como perguntas indiretas)
"What time *are you going*?" → He asked what time *I was going*.
"*Did you buy* some milk?" → She asked *if I had bought* some milk.

Outras perguntas difíceis

What's he like? (Como ele é? = sua personalidade)
What does he look like? (Como ele é fisicamente?)
How old/tall is he? (Quantos anos ele tem/Qual é sua altura?)
How did you get there? (Como você chegou lá?)
Can you tell me the way to...? (Pode me dizer como chegar...?)
How long does it take to...? (Quanto tempo leva para chegar em...?)
How/What time did you get there? (Como/Que horas você chegou lá?)
How come you're doing this exam? (Por que está fazendo esta prova?)
What did you say that for? (Por que você falou isso?)
What's the point in going? (Qual é o motivo para ir?)

VERBOS MODAIS

Habilidade

Verbo (modal)	Função	Exemplos
Can	Habilidade no presente e no futuro.	I *can* sing, but I *can't* dance. *Can* you come tomorrow?
Could	Habilidade geral no passado ou em um condicional.	He *could* speak at 18 months. If I had a car, I *could* take you.
Was/were able to	Habilidade em uma situação específica no passado.	They *were able to* save him. *Was* he *able to* get another job?
Could have done	Habilidade no passado, não realizada.	I *could've gone* to university. *Couldn't* you *have called* me?
Know how to	Conhecimeto ou habilidade específica.	I *know how to* change a wheel. Do you *know how to* open it?
Manage to/ succeed in	Conseguir com alguma dificuldade.	We *managed to* get tickets. He *succeeded in* selling the house.

Pedidos e permissão

Can I have the menu please? Yes, of course you *can*.
Can you tell me the way to...?

Could I send it next week?
Could you just wait a moment?

May I take this chair, please?
Would you mind closing the door?

Would you mind if I closed the door?
Would it be possible (for you) to close...?

Possibilidade (veja também a tabela a seguir)

Presente e Futuro – Might/Could/May*

It *could* be him, or it *might* be someone else.
(É possível ser ele, ou é possível ser outra pessoa.)

We *might* go to France, but we *may* just stay here.
(Talvez iremos para a França, mas de repente a gente vai ficar aqui.)
Passado – Might/Could/May + have + past participle

He *might have taken* the car. (É possível ser ele que levou o carro.)
She *could've been* at the party. (Talvez ela estava na festa.)

Certeza (dedução)

Positivo – Must (have + past participle)

She *must* earn a good salary. (Ela deve ganhar um bom salário.)
They *must have left*. (Eles devem ter saído.)

Negativo – Can't (have + past participle)

That *can't* be easy. (Não deve ser fácil.)

---

* *May* é um pouco mais provável e *might* um pouco menos (especialmente quando enfatiza).

He *can't have got* lost. (Ele não pode ter se perdido.)

	PRESENT	PAST
100% MUST	have a dog	(ha)ve gone out
Certeza (+)	be at home	(ha)ve sold it
50% MIGHT (NOT)	work here	(ha)ve forgotten
Possibilidade MAY (NOT)	live in Paris	(ha)ve finished
COULD	be working	(ha)ve been lying
	be having lunch	(ha)ve been having
0% CAN'T	be playing tennis	(ha)ve been playing
Certeza (-)	be studying hard	(ha)ve been living

Obrigação forte e necessidade

Positivo – Must, Have to/Have got to

I *must* get a new TV. (Eu devo comprar um televisão nova.)

You *have to* leave the room by 12h. (Você precisa sair do quarto até 12h.)
He's *got to* study. (Ele tem de estudar.)

Negativo – Mustn't V Don't have to/Haven't got to

You *mustn't* park here. (Não deve estacionar aqui.)

I *don't have to* work today, it's a holiday!
(Não preciso trabalhar hoje, é feriado!)

She *hasn't got to* come. (Ela não precisa vir.)

Obrigação fraca e conselhos

Should/Ought to (have + past participle). Should é mais comum:

You *should/ought to* stay in bed. (Você deveria ficar na cama.)
He *should/ought to have paid* the bill. (Ele devia ter pago a conta.)

To be supposed to = regras ou obrigações (geralmente não seguidas)

I'*m supposed to* start at 9h. (Eu devia começar às 9h.)

You'*re not supposed to* wear jewelry. (Não devia usar jóias.)

Needn't have + past participle = algo feito desnecessariamente

The shop was closed so we *needn't have gone.*
(A loja estava fechada, então não precisava ter ido.)

CONDICIONAIS

Tipo	Forma	Uso
FIRST	If* + present + future	Situações bastante prováveis.
SECOND	If + past + would/could	Situações não muito provaveis *ou* hipotéticas.
THIRD	If + Past Perfect + Would/could have + past participle	Situações no passado

If you *read* this book, you'*ll pass* the exam.
(Se você ler este livro, vai passar no exame.)
I'*m going* to scream *if* you *touch* me. (Vou gritar se você tocar em mim.)

If Brazil *lost* to Peru, the coach *would be* sacked.
(Se Brasil perdesse contra Peru, o técnico seria demitido.)
I *could buy* a car *if* I *had* more money.
(Eu poderia comprar um carro se tivesse mais dinheiro.)

If I *had known*, I *would've called* you. (Se eu soubesse, ia te ligar.)
She *could've won* if she'*d played* better. (Ela podia ter ganho se tivesse jogado melhor.)

Outras palavras usadas com os mesmos tempos verbais

When they arrive
As soon as the film starts
Before there are new laws
After we sign the contract
Until my boss comes back

} + FUTURO

Even if = mesmo se: *Even if* he comes, he won't have any money.
Whether… or no *Whether* he comes *or not*, he won't have...
(Just) In case = caso…/se: Take an umbrella *in case* it rains.

---

* Não esqueça que os verbos modais (*can, should, must/have to, might*) também são usados para expressar o futuro, por exemplo: *If the weather is good, we can have a picnic.* (Se o tempo for bom, podemos fazer um piquenique.); *If it rains, we might go to the pub* (Se chover, talvez vamos ao *pub*.).

Unless = a menos que:
Unless he passes the exam, he'll repeat the year.
(A menos que ele passe no exame, vai repetir o ano.)

As long as = desde que: *As long as/provided* you pay me back.
(f) **Provided (that)** (Desde que você me devolva o dinheiro.)
On condition (that)

If only = se ao menos, quem me dera (expressa desejos e sonhos):
(Wish) *If only/I wish* I could speak French.
(Se ao menos eu pudesse falar francês.)

A VOZ PASSIVA

"To be" + particípio passado (3ª forma)

Usada para dar mais ênfase no objeto de uma frase, geralmente porque o sujeito (quem faz/fez/vai fazer) não é importante, não é conhecido ou porque é óbvio. Apenas o verbo "to be" muda de acordo com o tempo verbal, enquanto o particípio passado é constante.

Present Simple: Many cars *are made* in Brazil.
Continuous: Plans *are being* made.

Past Simple: I *was told* to call later.
Continuous: My car *was being* repaired.

Future:
Will: You *will be given* a key.
Going to: The film *is going to be shown.*
Present Continuous: The event *is being held.*
Perfect: A decision *will have been taken.*

Present Perfect: Many books *have been written.*
He *has been awarded* a prize.

Past Perfect: We realised the car *had been stolen.*

Verbos modais: Your project *must be handed* in by Friday.
The TV *must have been switched* on.

Gerúndio: He hates *being told* what to do.
I got used to *being fired.*

Infinitives:
Presente: A decision has *to be made.*
Passado: She was pleased to *have been selected.*

Verbos com dois objetos como tell, give, show, offer e sell, começa com a pessoa

Alex *was given* a present. (Não "A present was given to Alex".)
We *were shown* the samples. (Não "The samples were shown to us".)

Need + verbo com -ing = passive

The house *needs* cleaning. = needs to be cleaned.
The report *needed* checking. = needed to be checked.

Have something done = serviços que precisam ser feitos por outra(s) pessoa(s)

I've just *had* my hair *cut.*
She's *having* her flat *repainted.*

Get something done = conseguir fazer com dificuldade
Did you *get* all your work *finished*?
We *got* the whole house *cleaned.*

It is said/believed/thought/expected/claimed etc. (that...)

It is believed that Vikings sailed to America.
Bush *is thought* to have avoided military service.

Let – não é usado na voz passiva (precisa usar "allowed to")

They *were allowed* to use dictionaries.

Make/help/see/hear – inclui "to" na voz passiva:
The student *was made* to do the homework again.
He *was heard* to say that he was guilty.

COMPARATIVOS E SUPERLATIVOS

1. a) Adjetivos de uma sílaba

Comparativo: adjetivo + **er (than)**: older, higher, bigger* than

---

* Quando um adjetivo termina com *uma* vogal curta (*big, thin, hot, slim* etc.), é preciso adicionar mais uma consoante: thinner than/the thinnest; hotter than/the hottest; slimmer than/the slimmes.

Superlativo: **The** adjetivo **+ est**: the oldest, the highest, the biggest

b) Adjetivos de *duas sílabas terminando em* "*y*": *easy*, *heavy*, *funny*, *happy*, *dirty* etc. O "y" muda para "**ier**" ou "**iest**" no final: easi*er*/the easi*est*, heavi*er*/the heavi*est*, funni*er*/the funni*est*, happi*er*/the happi*est*, dirti*er*/the dirti*est*. Muito menos comum são os adjetivos que terminam em 'ow' – *narrow*, *shallow*, *mellow* – narrow*er*/the narrow*est*, shallow*er*/the shallow*est*.

2. Adjetivos de mais de uma sílaba

Comparativo: **More + adj. (than)**: more tiring, more expensive, more famous, more beautiful, more sincere, more interesting etc.

Superlativo: **The most + adj**: the most tiring, the most expensive, the most famous, the most beautiful, the most sincere, the most interesting etc.

Exceções: Good – better than – The best
Bad – worse than – The worst
Far – further than – The furthest

Menos... que

Comparativo: It was *less* expensive/fun *than* last year.
(Foi menos caro/divertido que no ano passado.)

Superlativo = She's *the least* generous/stupid person I know.
(Ela é a pessoa menos generosa/estúpida que conheço.)

Igualdade = AS... AS

She's (not) *as tall as* me.
It's just *as hot as* yesterday.
I don't have *as much money as* I used to.
Are there *as many people as* you expected?

Graus de comparação

Much/Far	larger, smaller, better etc.
Considerably	more difficult, popular, interested etc.
A little	more/less milk (substantivos incontáveis)
Slightly	more/fewer people (substantivos contáveis)
Not quite	as old/expensive as
(Not) nearly	as many/much as

RELATIVE CLAUSES e PRONOMES

Who e Which – em geral, *who* se refere a pessoas e *which* se refere a coisas.

That – no lugar de "who" ou "which", mas apenas quando é necessário saber mais sobre o substantivo para fazer sentido, as informações sublinhadas nestes exemplos:

The guy *that/who* sold me the car is Polish.
The car *that/which* hit her was blue.

Se, por outro lado, está dando informações adicionais e a frase ainda faz sentido sem elas, use apenas *who* ou *which*, sempre depois de uma vírgula:

The Prime Minister, *who* was in Paris today, said that...
(O Primeiro Ministro, que estava hoje em Paris, disse que...)

She gave me a dog, *which* is not exactly what I wanted.
(Ela me deu um cachorro, que não é exatamente o que eu queria.)

É também possível omitir o pronome (*who*, *which* ou *that*), mas apenas quando o substantivo é o *objeto da* frase, aqui sublinhado nos exemplos:

The woman (who/that) he spoke to said it was ok.
I bought the shoes (which/that) I'd seen the week before.

Whose – a forma possessiva de "who" e "which"
I met a guy *whose* wife is Brazilian.
The hotel *whose* manager was arrested.

When – depois de substantivos de tempo
The week *when* nobody came. (A semana quando ninguém veio.)

Where – depois de substantivos de lugar, para dizer *o que aconteceu* neste local:
The shop *where* I bought it. (A loja onde eu comprei isso.)

Preposições – duas opções: a primeira bem formal; a segunda, mais comum:
The woman *to whom* I spoke. – The woman (that) I spoke *to*.
The team *with which* I'm working. – The team (that) I'm working *with*.

SUBSTANTIVOS CONTÁVEIS E INCONTÁVEIS (QUE NÃO TÊM PLURAL)

SOME (+), ANY (-/?) (HOW) MUCH LOTS/A LOT OF A LARGE AMOUNT OF ENOUGH/PLENTY OF (A) LITTLE/A BIT OF	Information advice news homework furniture research luggage beef accommodation	(+ verbo no singular)
SOME (+), ANY (-/?) (HOW) MANY LOTS/A LOT OF A LARGE NUMBER OF ENOUGH/PLENTY OF (A) FEW	People french fries litres types women sheep trousers steaks children	(+ verbo no plural)

I'd like *some information* about car rental.
Were you given *any homework*?
How *much luggage* do you have?
Brazil produces a large *amount of beef*
Some men prefer blonds.
Did you get *any eggs*?
How *many rooms* are there?
A large *number of people.*

Substantivos que podem ser contáveis ou incontáveis

Chicken (carne de frango)/*a chicken* (um frango), *chocolate* (chocolate)/*a chocolate* (um bombom), *paper* (papel)/*a paper* (um jornal), *iron* (ferro)/*an iron* (um ferro), *hair* (cabelo)/*a hair* (um cabelo/pêlo), *coffee* etc.(café)/*a coffee* (um café), *room* (espaço)/*a room* (um quarto), *time* (tempo)/*a time* (uma vez), *stone* (de pedra)/*a stone* (uma pedra), *experience* (experiência)/*an experience* (uma experiência), *pity* (pena)/*a pity* (uma pena).

Exceções

(i) Alguns substantivos terminam em "s", mas são incontáveis (e seguidos por um verbo no singular): *news*, *maths*, *athletics*, *aerobics*, *physics*, *genetics.*

(ii) Alguns substantivos são sempre plural (e seguidos por um verbo no plural): *clothes, shoes/boots/trainers/sneakers, trousers/jeans, glasses, scissors, pliers, arms, groceries, goods, customs, remains.*

(iii) Alguns substantivos têm a mesma forma no singular e no plural: *sheep, fish, species, aircraft, crossroads, series.*

GERÚNDIOS E INFINTIVOS

*Gerúndio (o verbo + -ing)**

Verbos depois de preposições: por exemplo, I'm thinking *of* study*ing*, She's good *at* writ*ing*, I apologised *for* be*ing* late, We talked *about* not mov*ing*, They're interested *in* com*ing* etc.

Verbos usados como substantivo: *Having* children is hard work, It's profitable *being* a politician, *Working* late is part of the job, It's hard *not having* a car in Floripa.

Verbos usados como adjetivo: A *growing* economy, *falling* prices, *screaming* children. (Veja também adjetivos com "ed" ou "ing" na página 190.)

Depois de alguns verbos, principalmente: *admit, appreciate, consider, delay, deny, detest, dislike, enjoy, escape, face, feel like, finish, give up, imagine, involve, mention, mind, miss, postpone/put off, practise, prefer, recommend, resent, risk, suggest, understand.*

Às vezes o verbo faz parte de uma expressão fixa: *have difficulty/trouble/problems doing, can't stand/bear doing, can't help doing, spend time doing, It's (not) worth doing, There's no point (in) doing, It's no use doing, Don't mind doing, be/get used to doing* etc.

Infinitivo (to + verbo)

Depois de alguns adjetivos: *easy* to (remember), *hard* to (say), *happy* to (go), *glad* to (hear), *sad* to (see), *wrong* to (steal), *exciting* to (be), *funny* to (think).

Depois de alguns substantivos: *(to make) a decision to, a promise to, an agreement to, an arrangement to, an offer to, a wish to* etc.

---

*O verbo + ing também é usado nos tempos verbais "continuous" (veja a página 165), mas nesse caso a construção chama-se "Present Participle".

Depois de alguns verbos, principalmente: *afford, agree, appear, arrange, ask, attempt, begin, care, choose, consent, decide, determine, expect, fail, forget, happen, hate, help, hesistate, hope, intend, learn, like, love, manage, mean, offer, prefer, prepare, pretend, promise, propose, refuse, seem, start, swear, want, wish.*

Outros verbos são seguidos por uma **pessoa/um objeto + o infinitivo**, por exemplo *want someone to do* (querer que alguem faca). Outros verbos: *advise, allow, ask, cause, command, encourage, expect, forbid, force, get, hate, help, instruct, invite, leave, like, mean, need, oblige, order, permit, persuade, prefer, recommend, remind, request, teach, tell, tempt, trouble, warn, wish, would like.*

Some/any/no + one/body/thing/where: *somewhere to sit, nobody to help, something to eat, anyone to go with, nowhere to buy, nothing to do, anywhere to sleep* etc.

Gerúndio ou infinitivo, com diferença de sentido

Verbos demonstrando preferências – *like, love, hate, prefer, can't bear/stand*
Gerúndio (mais comum) = preferências mais gerais: She likes read*ing*.
Infinitivo = preferências mais específicas: I like *to read* in bed.

Try to do (fazer um esforço): I tried *to call* you.
Try doing (experimentar): He tried hid*ing* the evidence.

Need to do (precisa fazer): You need *to lose* weight.
Need doing (precisa ser feito): My hair needs cutt*ing*.

Remember to do (esquecer/lembrar fazer antes da ação):
Did you remember *to feed* the dog?
Remember doing (ter lembranças de ter feito algo):
I remember *putting* the keys on the table.

Regret to do (se arrepender de algo no presente): I regret *to tell* you that...
Regret doing (se arrepender de algo no passado): She regrets *not* hav*ing* kids.

Verbos seguidos por gerúndio e infinitivo, ou nenhum dos dois

(Be/get) used to e **(Be/become) accustomed to** (estar/ficar acostumado):
I'm not used *to* liv*ing* alone. (Não estou acostumado a morar sozinho.)

Look forward to (esperar ansiosamente): I look forward *to* hear*ing* from you,
We look forward *to* see*ing* you again.

Object to: He objects *to* wait*ing* in line.

Let (deixar): He let me *use* his car. (Ele me deixou usar o seu carro.)

Make (fazer/obrigar): They made me *retake* the exam.
(Eles me obrigaram a refazer a prova.)

Help (ajudar): We helped her *move*. (Ajudamos ela a fazer a mudança.)

See/Hear (ver/ouvir): I saw you *eat* it. (Eu vi você comer.),
She heard me *come* in. (Ele me ouviu entrando.)

Had better (deveria): *You'd better* see a doctor. (Você devia ir ao médico.)

Would rather (preferia): *She'd rather* take a taxi. (Ela preferia pegar um táxi.)

PREPOSIÇÕES – divididas em 4 categorias

Movimento

TO: de um lugar para outro, deslocamento: *go to, come to, bring to, take to, drive to walk to, get into, send to* e muitos outros. Existem duas exceções principais:

(i) Movimento para **lugares gerais**: go *home*, come *here*, drive *there*, run *up/downstairs* take *in/outside*, go *downtown*, go *away*...

(ii) Verbos formados com **Go + ... -ing**: *go shopping, go sightseeing, go swimming, go surfing, go skiing, go skating, go jogging, go riding, go camping...*

Lugar

AT: **Prédios públicos, instituições** – *at school/university/college, at work/at the office, at the supermarket/shopping centre, at the cinema/theatre, at the bank/restaurant/post office etc.* Exceções: *be in hospital/prison* (mais permanência).

Eventos públicos, profissionais ou sociais – *at a meeting, at a party, at a show, at a barbecue, at a conference, at a trade fair, at an event* etc.

Pontos específicos: *at the top/bottom* (of the hill), *at the side* (of the road), *at the front/back* (of the class), *at the edge* (of the fields).

IN: **Dentro de um espaço maior** – *in(side) a box, in the cupboard, in the kitchen, in Rua Tiradentes, in São Paulo, in Parana, in Brazil, in South America, in the world...*

Às vezes, é possível usar "in" com prédios ou eventos públicos, quando quer enfatizar algo "dentro do espaço físico", como : "the desk *in my office*", "smoke *in the school*", "hot *in the bank*" etc.

ON: **Cobrir uma área ou superfície** – *on the table* (mas: sit *at* the table), *on a chair, on page 30, on TV/video/the screen/the internet/a computer, on the corner* (of the street), *on the beach* (na areia), *on the side* (of the truck), *on the bottom* (of the sea), *on the back* (of a t-shirt), *on top* (of the wardrobe).

Outras: *on the radio, on 5th Avenue, on a farm*

Tempo

AT: **Horas e momentos** – at 9.30, at midnight, at the moment, at the same time, at the beginning, at the end
Noite/fim de semana/celebrações – *at night, at the weekend, at Christmas/Easter/New Year*

ON: **Dias e datas** – *on Monday, on 12th June, on my birthday, on New Year's Eve*

IN: **Períodos maiores que um dia** – *in April, in the winter, in 2002, in the 1960s, in the 12th century*
Partes do dia – *in the morning/afternoon/evening*
Daqui a... – *in 5 minutes, in 2 years* (time/from now)

FOR/SINCE: **Período de tempo** – *for 25 minutes, for 3 months, for a long time*
Quando começou – *since 8.00, since 1989, since the beginning*

UNTIL/BY: **Até + tempo** – We're staying *until* Thursday
Até + prazo – You have to finish *by* Tuesday

Combinações de preposições com outras palavras

Preposição + substantivo – *on holiday/vacation, on a trip/tour/cruise, on business, on the phone, on foot, on the way, on a diet, on fire, on time, on behalf of, on sale, in the world, in cash, in bed, in favour of, in particular, in town, at home, at last, at present, by cheque/credit card, by mistake, by + transporte, by chance, by mail, out of date, out of work, out of breath, go for a walk/drink/swim/drive, under control...* etc.
Adjetivo + preposição – *interested in, afraid/frightened/terrified of, worried about, good/bad at, similar to, different from/to, married to, tired of, fed up with, covered in...* etc.

Verbo + preposição – *think of doing* (pensar em fazer), *think about* (pensar em algo), *ask for, wait for, depend on, happen to, dream about, hear of* (de algo/alguem), *hear about* (de um acontecimento), *apologise for, insist on, accuse someone of, explain/complain to sb about st, spend money on, remind sb of*... etc.

Outra combinação de verbo e preposição acontece com os chamados **phrasal verbs**, verbos cujo sentido é idiomático (diferente do sentido literal), por exemplo: *bring up* (criar), *look for* (procurar), *put out* (apagar), *speak up* (falar mais alto).

As principais diferenças entre FOR e TO

FOR	TO
Fazer algo para outra pessoa, para o benefício de ou para ajudar alguém: I'll open the door *for* you. He bought a dog *for* his son. Please fill in the form *for* me.	**Quando faz parte do verbo, expressando:** a) **Movimento**: go, come, take etc. b) **Transferência:** give, pay, lend, send, offer, show. He gave the dog *to* his son. I sent a postcard *to* my mum.
Opinião pessoal e emoções, como elas nos afetam: *For* me, Pele is the best player of all time. Money is so important *for* him.	**O objetivo ou motivo para fazer algo:** I write books *to make* money. *To leave* a message, press 3.

PONTOS INDIVIDUAIS DE GRAMÁTICA

Most [of] (A maioria) – quando estiver falando de algo em geral: use *most*, seguido por um verbo na forma plural:

> *Most women* like chocolate. (A maioria das mulhres gosta de chocolate.)
> *Most Brazilians* are friendly. (A maioria dos brasileiros é simpático.)
>
> Quando estiver falando de um grupo mais específico, precidido de "the" ou um pronome possessivo (*my, his, our* etc.): use *most of*:
>
> *Most of* my friends play golf. (A maioria dos meus amigos joga golf.)
> I spoke to *most of* the people there. (Falei com a maioria das pessoas lá.)
>
> Não confundir com *The most,* usado com superlativos (veja página 175): *the most* important, *the most* dangerous, *the most* exciting...

So + adjetivo (tão): She's *so* cute, It's *so* hot, I'm *so* bored
He was *so* drunk (that) he couldn't speak.

So + quantidade (tanto[s]): He sang *so much* (that) he lost his voice.
There were *so many* people waiting.

Such (+ adjetivo) + substantivo: She's *such a* cute baby. It's *such a* hot day,
He has *such* long hair. You're *such an* idiot!

Too + adjetivo/adverbio/quantidade (demais, mais que você quer/precisa):
The TV is *too heavy* for me to carry. (A televisão é pesada demais para eu carregar.)
He works *too hard* and drinks *too much*. (Ele trabalha demais e bebe demais.)

Not... enough (não... suficiente)
He is*n't old enough* to drive. (Não tem idade para dirigir.)
She did*n't work hard enough* to pass the exam.
(Ela não trabalhou o suficiente para passar no exame.)

So/neither + auxiliar (Também [não].)
I have two brothers → *So do I. So does he.*
We stayed at home → *So did we. So did they.*
I've been to Rome → *So have I. So has John.*

He doesn't like dogs → *Neither do I. Neither does my mum.*
They didn't study → *Neither did we. Neither did you.*
I hadn't been before → *Neither had I. Neither had Laura.*

Quando estiver falando de você mesmo, existe uma opção mais fácil:
me too (eu também) e *me neither* (eu também não).

What [a/an] (Que...): *What a* surprise! *What a* lovely dress!
What big teeth! *What an* old car!

How + adjetivo (Que...): *How* funny! *How* ridiculous! *How* strange

I wish/If only + mudança de tempo verbal (página 169)
I wish I had a car. *She wishes* she hadn't said that.

If only they were coming. *If only* you had called.

Wish também é usado com *would(n't)*, principalmente para falar de hábitos/tendências que gostaria de mudar:

I wish you wouldn't smoke in the house.
I wish he would lift the toilet seat.

Tag questions (…, né?) = auxiliar + positivo ↔ negativo
He works in Rio, *doesn't he*? He's a lawyer, *isn't he*?
You speak Italian, *don't you*? You've lived there, *haven't you*?
They took a taxi, *didn't they*? They're going home, *aren't they*?

You're not coming, *are you*? He doesn't play, *does he*?
We didn't win, *did we*? I couldn't see, *could I*?
You haven't been waiting long, *have you*?

Would you mind + doing = pedido
Would you mind closing the window?
Would they mind starting earlier?

Would you mind if + passado = permissão
Would you mind if I closed the window?
Do you think *she'd mind if I came as well*?

Prefer doing (to doing) = preferir em geral:
I *prefer* sleeping to working.
He *prefers* dogs to cats.

I'd prefer to do (than to do) = preferiria (específico):
I'*d prefer* to call than to write.
We'd prefer not to watch.

I'd rather do (than do) = preferir em geral *ou* preferiria:
I'd rather live alone (than share).
She'd rather stay than go.

You'd better do (seria melhor você fazer) = should/ought to:
You'd better start again.
She'd better get a job.

If I were you, I'd do (se eu fosse você, eu faria…):
If I were you, I'd see a doctor.
I would move house *if I were you*.

It's time [for someone] to do (Está na hora [de alguém] fazer.):

It's time to go.
It's time for us to leave.

It's time [for someone] + passado (Está na hora [de alguém] fazer.):
It's about time you bought a new sofa.
It's time Rafa went to bed.

(Un) likely ([não] provável):
It is *(un)likely* that Federer will win.
Federer is *(un)likely* to win.

Para falar de uma probabilidade maior, muitas vezes com sentimento e pessimismo, existem as expressões **bound to do** e **sure to do**:
You're *bound to/sure to* put on weight at Christmas.

EXEMPLOS DOS PRINCIPAIS SUFIXOS

Substantivos

TION/SION/CIAN: solution, deduction, graduation, complication, confusion, persuasion, session, decision, musician, politician, electrician
AGE: image, language, luggage, marriage, average, damage, garbage, bandage
MENT: improvement, enjoyment, settlement, amazement, establishment
HOOD: childhood, neighbourhood, mother/father/sister/brotherhood
SHIP: friendship, relationship, partnership, membership, citizenship
NESS: illness, happiness, sadness, silliness, madness, blindness
ER/OR: murderer, interpreter, doctor, governor, survivor, dictator
EE: employee, referee, interviewee, trainee, payee, attendee

Adjetivos

IVE: creative, impressive, sensitive, talkative, conservative, argumentative
ABLE/IBLE: (un)bearable, (un)predictable, (in)edible, (ir)responsible
OUS: famous, generous, ambitious, ridiculous, poisonous, marvellous, spacious
Y: cloudy, healthy, wealthy, risky, tasty, LY*: lively, lonely, lovely, deadly
FUL/LESS: grateful, helpful/less, useful/less, careful/less, awful, homeless
ED/ING: exhausted/ing, depressed/ing, disappointed/ing, excited/ing
ATE: (un)fortunate, deliberate, immediate, separate, approximate, celibate

---

* Estas palavras são exceções, porque normalmente o sufixo "ly" é o equivalente de "mente" em português e indica um advérbio: *slowly*, *usually*, *noisily*, *especially* etc.

Verbos

IZE/ISE: realize, summarize, privatize, publicize, emphasize, centralize
ATE: estimate, calculate, generate, terminate, celebrate, mediate
EN: threaten, widen, shorten, heighten, lengthen, tighten/loosen
FY: satisfy, signify, clarify, testify, certify, classify, magnify, mystify
MIS: mishear, misunderstand, misinterpret, misuse, mispronounce, misread

Contrários (de adjetivos/advérbios e alguns verbos)

UN: unbearable, unpredictable, unprepared, unaware, unlock
IN: insensitive, insecure, inexperienced, incomplete, inappropriate
IM: impolite, impersonal, immature, improbable, immoral
IR: irresponsible, irrelevant, irrational, irresistible
IL: illegal, illiterate, illogical, illegitimate, illegible
DIS: disadvantage, dishonest, disloyal, displeased, disagree

ERROS COMUNS EM PROVAS ESCRITAS E ORAIS

Tempos verbais

Frase errada	Frase correta
I *go* to Rio *in the* next week.	I'*m going* to Rio next week.
Did you like my shirt?	*Do* you like my shirt?
When I *will arrive* in London.	When I *arrive* in London.
If she *will* come.	If she *comes.*
If I *would be/have/know.*	If I *was/had/knew* (I would do...).
I *would* play tennis later that day.	I *was going to* play tennis later that day.
He asked if I *saw* Pete.	He asked if I *had seen* Pete.
I *live* here for 2 months.	I'*ve lived* here for 2 months.
She's *waiting* for hours.	She's *been waiting* for hours.
It is 3 years that I *don't play.*	I *haven't played* for 3 years.
She must *has* gone home.	She must *have* gone home.

Preposições

I gave the money *for* him.	I gave the money *to* him.
We went *in* the *shopping.*	We went *to* the *shopping center.*
My birthday is *in 10* July.	My birthday is *on 10th* July.
He lived there *during* 2 years.	He lived there *for* 2 years.

She works *like* a teacher.	She works *as* a teacher.
I have to finish *until* Monday.	I have to finish *by* Monday.
He looked *on* the newspaper/mirror.	He looked *in* the newspaper/mirror.
The best team *of* the world.	The best team *in* the world.
In the computer/Internet.	*On* the computer/Internet.
We were *in* the beach.	We were *on* the beach.
Sit *in* a chair/*in* the table.	Sit *on* a chair/*at* the table.
It cost 10 *million of* dollars.	It cost 10 *million* dollars.

Ordem de palavras

He likes *very much* football.	He likes *very much* football.
She speaks *very well* English.	She speaks English *very well*.
I went *yesterday* to the beach.	I went to the beach *yesterday*.
Then *arrived* a man, who…	Then a man *arrived*, who…
Happened the same thing with me.	The same thing *happened* to me.
Is *it* ready *the dinner*?	Is *the dinner* ready?
A *white, small* house.	A *small, white* house.

Plurais e Contáveis/Incontáveis

An/a information, advice, homework, news, bread, research, sock, shoe, trousers/pants, fruit…	*some* information, advice, homework, news, bread, research, socks, shoes, trousers/pants, fruit...
The people *is* very receptive.	The people *are* very friendly.
I *listened* a *music*.	I *listened to* a *song*.
He got a *work* (working *in* Sadia).	He got a *job* (working *for* Sadia).
A 10 *years* old boy.	A 10 *year* old boy.
He has a lot of *knowledges*.	He has a lot of *knowledge*.

Gerúndio/Infinitivo

I am used to *get* up early.	I am used to *getting* up early.
I look forward to *hear* from you.	I look forward to *hearing* from you.
Let me *to explain*.	Let me *explain*.
She made me *to clean* my room.	She made me *clean* my room.
In spite of/Despite *I was* cold.	In spite of/Despite *being* cold.

Artigos

The life/love/culture/art/happiness etc.	Life/love/culture/art/happiness etc.
He is lawyer/salesman/actor.	He is *a* lawyer/*a* salesman/*an* actor.
A old house, *a* empty bottle.	*An* old house, *an* empty bottle.
He is *tallest* of the family.	He is *the tallest* in the family.
The most of people have a TV.	*Most* people have a TV.
In the next/last week.	Next/last week.
He has *a* flu.	He has *the* flu.

Variados

Is very difficult/easy/funny.	*It's* very difficult/easy/funny.
The important is...	The important *thing/point* is...
The *worse* team in the World Cup.	The *worst* team in the World Cup.
The girl *which* won the prize.	The girl *who* won the prize.
I like/love! We enjoyed very much, I couldn't believe, It's not worth, I'm used to	I like/love *it*! We enjoyed *it* very much, I couldn't believe *it*, It's (not) worth *it*, You get used to *it*
Spanish is *more easy* than English.	Spanish is *easier* than English.
She's a friend of *me/him/us* etc.	She's a friend of *mine/his/ours* etc.

VOCABULÁRIO

Falsos cognatos

Actually (na verdade) – *nowadays* (atualmente), *eventually* (afinal), *apparently* (ficar sabendo), *ultimately* (no final das contas), *combine* (combinar duas coisas) – *arrange* (combinar com outra pessoa), *compromise* (meio termo) – *arrangement* (compromisso), *deception* (enganação) – *disappointment* (decepção), *educated* (boa formação) – *[im]polite* ([mal-]educado), *indicate* (mostrar) – *recommend* (indicar), *nervous* (nervoso, ansioso), *annoyed/irritated* (nervoso, chateado), *particular* (específico) – *private* (particular), *prejudice* (preconceito) – *loss* (prejuízo), *pretend* (fingir) – *intend (pretender)* – *think of doing* (pensar em fazer), *propaganda* (informações enganosas) – *advertising /advertisement* (propaganda/uma propaganda), *resume* (recomeçar) – *summarize* (resumir), *reunion* (encontro de ex-colegas, família etc.) – *meeting* (reunião), *sensible* (sensato) – *sensitive* (sensível), a *shopping centre* (um shopping) – *go shopping* (fazer compras), *support* (apoiar) – *can't bear/stand* (não suportar), *sympathetic* (solidário) – *nice/friendly* (simpático), *tax* (imposto) – *fee/charge* (taxa), *use* (usar coisas) – *wear* (usar roupas, jóias, maquiagem etc.)

Palavras que causam erros com freqüência

Every day (todo dia) – *all* day (o dia todo), *another* 3 weeks (mais três semanas), *go/come back* (voltar), *cook* (cozinheiro) – *cooker* (fogão), he's *dead* (Ele está morto.) – he *died* in 1990 (Ele morreu em 1990.), he works *hard* (Ele trabalha duro/muito.) – *hardly ever* (quase nunca), a *story* (uma história) – *history* (história), *listen to* (escutar, voluntariamente) – *hear* (ouvir), I *left* the house (saí de casa), I *left* it at home (esqueci em casa), *lend* (emprestar) – *borrow* (pegar emprestado), *steal* some money (roubar dinheiro) – *rob* a house/bank etc. (roubar casa/banco etc.), *lose* your wallet (perder a sua carteira) – *miss* the plane/lesson (perder o/a avião/aula), *do* a test (fazer uma prova) – *make** a mistake, I *met* him in 1998 (Conheci ele em 1998.), I *know* his brother (Conheço o irmão dele.), I *remember* him (Eu me lembro dele.), you *remind* me of him (Você me lembra dele.), they *raise* the price (Eles aumentam o preço.) – the price *rises* (o preço subiu), he *said* (Ele falou.) – he *told* me (Ele me falou.), he *got/became* annoyed (Ele ficou nervoso.), *there is/are* (tem, existe), she's *away/out of town* (Ela está viajando.), *a small town* (uma cidadezinha) – a big *city* (uma cidade grande), I *usually* work (Eu costumo trabalhar.) – I *used to* work (Eu trabalhava.) – I'*m used to* working (Estou acostumado a trabalhar.), she's *so* clever (Ela é tão esperta.) – she's *such a* clever girl (Ela é uma menina tão esperta), $10 *million*, she's 10 *years* old (Ela tem 10 anos.) – a 10 *year* old girl (uma menina de 10 anos), *beside* (do lado) – *besides* (além disso), *bored* (chateado/entediado), *annoyed/irritated* (chateado/nervoso), *impressive* (impressionante), *stressful* (estressante).

Ortografia

Letras duplas: muitas palavras em inglês têm uma consoante dupla perto do começo, geralmente por causa de um prefixo latino, como: *accept, accommodation, address, addition, aggressive, allocated, annually, apparently, arrival, assistance, commercial, colleague, connection, correspondence, illegal, immediately, innovative, irresponsible, occasionally, offensive, opposite, opportunity, successful, successive, sufficient, suggestion, support, surround.*

Por outro lado, existem palavras que são comuns colocar uma consoante dupla incorretamente ou no lugar errado, como: *always, already, different, recommend, apologise, writing (mas written), truly, disappear, disappointed, beautiful/useful/helpful/ etc., professional, reference, parallel, welcome...*

Outra fonte de erros são as letras duplas em verbos no gerúndio (*running, putting*) e adjetivos no comparativo e superlativo (*bigger/biggest, thinner/*

---

* Para uma lista mais extensa de expressões com *make* e *do*, veja o livro *Ingles que não Falha*, da Campus/Elsevier, páginas 62-3.

thinnest). O motivo para dobrar a última letra é o mesmo para ambos, porque ***a palavra termina em CVC (consoante, vogal, consoante)***: begin – beginning, plan – planning, fat – fatter, hot – hotter.

Não existe palavra em inglês que termine em “full”!
Quando um adjetivo termina em “l”, o advérbio equivalente vai terminar em “lly”, como: *normally, locally, faithfully, helpfully, logically* etc.
Se um adjetivo termina em “e”, o advérbio geralmente termina “ely”, como: *sincerely, surely, unfortunately, safely, immediately, approximately, definitely* etc.

Letras mudas: muitas palavras que contêm uma letra que não se pronuncia causam dificuldades, por exemplo: *would/could/should, answer, excellent, excited/ing, government, guarantee, guess, technology, environment, exhibition, subtle, debt, doubt, receipt, cupboard, knowledge, Wednesday, island, autumn, grandmother, scenery, raspberry*. Além disso, as letras “gh” são mudas no meio ou no final de palavras como *through, drought, plough e dough*, e apenas quatro palavras comuns têm o som de /f/ – *enough, cough, rough, tough*.

y – muda para “i” se você adicionar algo: funny → funnier, happy → happiest, carry → carried, hurry → hurries, dirty → dirtiness, heavy → heavily, mercy → merciful.

ie – a maioria *(believe, thief, niece, field, chief, fried, medieval)*
ei – depois da letra “c” (*receive, receipt, ceiling, decieve* etc), exceto *science, ancient* e *glacier*.
com som de /ei/ (*eight, weight, freight, neighbor, vein, reign*)
outros (*either, neither, foreign, height, weird, seize, protein*)

Dicas para memorização

- Procure anotar palavras de acordo com padrões de ortografia (e pronúncia), por exemplo: *guess, guest, guard, guarantee* ou *bought, brought, fought, thought, thoughtful, sought, ought to* ou *flower/flour, muscle/mussel, aisle/I'll*. Sempre soletre em voz alta palavras novas.
- Para palavras que apresentam dificuldades, faça uma lista das palavras em português, e depois escreva a lista cinco vezes em inglês em uma outra folha, dobrando o papel depois de cada vez que escrever as palavras para não copiá-las na próxima vez. Uma alternativa é dividir a página em três colunas com o português na esquerda e o inglês na direita; depois, para verificar a ortogafia, cubra a coluna de inglês e escreva a palavra na coluna do meio.

- Escreva as letras das palavras em pedacinhos de papel e anote o número de letras em cada palavra, e depois junte as letras para formar todas as palavras uma de cada vez. Funciona também para combinações de letras como "gh", "ay", "ch", "tr" etc.
- Sublinhe a parte difícil (ou que já errou) ou escreva com uma caneta colorida, ou separe a palavra em partes ou sílabas, como: im-med-i-ate-ly, ex-tra-ord-in-ar-y, pro-nun-ci-a-tion. Uma alternativa é falar a palavra ao pé da letra, o som que você ouve quando pronuncia todas as letras, também separando em partes: especially = es pek i ali, believe = beli eve.

Pontuação

Vírgulas: em geral são usadas para introduzir informações novas ou adicionais, ou para separar duas partes da frase. As formas que causam mais dificuldades:

(i) Frases que começam com *if, when, after, before, as soon as, until, because, although* etc., deve-se colocar uma vírgula para introduzir a segunda parte. Se você começa com a segunda parte, não se coloca vírgula:
If you would like more information, please contact me at the above address.
As soon as the contract has been signed, we can schedule the delivery.
She was wearing a jacket *although* it was about 30°C.

(ii) Depois de conexões mais formais que vêm no começo de uma frase nova (*Therefore*, *However*, *In addition* – veja página 67), ou advérbios que indicam atitude no começo da frase (*Unfortunately*, *Naturally*, *Apparently* etc.):
...which is an advantage. Nevertheless, it is clear that...
Undoubtedly, there are many people who would like to see...

(iii) Com pronomes relativos que dão informações adicionais (veja página 176):
My father, who was born in India, is 74 this week.
This picture, which I bought years ago, is very valuable.

Apostroph: usado para contrações (*we're, they've, I'd* etc.) ou para indicar posse (*John's, Mr. Grant's, Germany's*). Três casos que são motivo de erros:

- **It's** = it is, **its** = possessivo de 'it'
- The **boy's** ball = a bola de um menino
  The **boys'** ball = a bola de 2 ou mais meninos
- **Children's** books, **women's** toilet, **people's** choice = substantivos que já são plurais.

Letras maiúsculas: apesar de ser um ponto básico de pontuação, não esqueça de usá-las para: nomes de pessoas (Jack Scholes, Mr. Martinez), países/regiões/cidades/bairros/ruas (Ireland, Catalonia, Brighton, Camden Town, Thurlow Road), nacionalidades/idiomas (Portuguese, English, Dutch), dias da semana (Wednesday, Thursday), meses (February, August) e títulos (President, Sales Manager).

Para praticar a pontuação, primeiro leia textos (da sua prova) e identifique a função de todas as marcas de pontuação e letras maiúsculas. Segundo, apague toda a pontuação de um texto com corretivo, tire uma cópia dele; depois coloque novamente a pontução e compare com o original.

Apresentação

Letra: talvez pareça óbvio, mas é incrível quantos candidatos subestimam a importância de usar uma letra bem legível, de colocar letras maiúsculas no lugar certo e de deixar bem claro correções e coisas adicionais. Se você não tem uma letra muito legível, vale a pena praticar com formas mais claras de escrever e, se for necessário, riscar algumas palavras e reescrever em letras separadas para não correr o risco do examinador não entender. Para uma prática mais básica, desenhe uma linha a lápis entre as linhas de uma página, e escreva o alfabeto e algumas frases assim:

it helps you to write

Layout: para passar melhor impressão, sempre deixe uma linha entre os parágrafos e/ou espaços entre as linhas e duas entre os parágrafos. Reflita também sobre a importância de empregar uma variedade de conexões entre as partes de um texto que geralmente é possível usar no começo de cada parágrafo novo.

Apêndice II

Respostas dos exercícios

Página 60

1) What kind of music do you like?
2) He's going to have a glass of wine.
3) I don't know when I've got to leave.
4) Because it would've been better.
5) Can you tell me about your family?

Página 68

1. Although/Even though she spent a year in London, her English isn't very good.
2. All the flights were cancelled because of/due to/owing to the snow storm.
3. Some candidates always arrive late for the exam. Therefore/Consequently/As a result, they have less time to do the test and usually get lower marks.
4. As well as/In addition to working all day, he studies at university in the evenings.
5. He played really well and even won the second set. However/Nevertheless, the power of the world number 1 was too much for him in the end.
6. Not only did he see Brad Pitt, but he also spoke to him!
7. To get a well-paid job you need a good university degree and work experience. In addition/Furthermore, a high level of English is essential.
8. The journey was long and boring, as well as being expensive.

Página 69

1c, 2e 3a, 4d, 5b

Páginas 74/5

1. than 2. who 3. at 4. of 5. their 6. been 7. by 8. his
9. then 10. the 11. or 12. in 13. that 14. have 15.be
1. d 2. b 3. a 4. b 5. a

Página 76/77

1.

a) She wishes she hadn't spent all her savings on that car.
b) I'm afraid I'm too busy to go shopping.
c) Would you mind not making so much noise.
d) There were hardly any seats left by the time we arrived.
e) She's making no effort at all/She isn't making any effort at all to solve her problems.

Página 77

2.

a) There has been a significant fall in the price of computers in the last 5 years.
b) I'd rather you didn't smoke whilst you are in the car.
c) John's sister is suspected of stealing the money.
d) The old railway station was/has been turned into a museum.
e) No sooner had the book been published in translation than it became a best-seller.

Página 79

1. 1. various 2. importance 3. growth 4. third 5. requirements
2. 1. influential 2. extraordinary 3. mercifully 4. upbringing

Página 80

1. lower, accept, more easy, to foster
2. c) more d) ok e) organisational f) ok g) even h) some

Página 82/83

1. C 2. D 3. D
A, A, B, A, C, C, B, A

Página 88

1. E 2. A 3. B 4. D 5. B 6. B 7. C 8. A 9. D 10. C 11. D 12. A 13. C 14. C 15. E

Página 91

Fall, growth, results, production costs, recognition

Página 94

1. B 2. A 3. B 4. B

Página 96

Opposite, kitchen, fish, Saturday, lunch, 6.30 am

Página 98

1. E 2. H 3. C 4. B 5. F

CONHEÇA TAMBÉM:

Este livro lida com um dos maiores problemas de qualquer estudante do idioma: como entender o inglês na velocidade natural usado em filmes, músicas, conversas, apresentações, telefonemas, negócios e turismo.

COMO ENTENDER O INGLÊS FALADO

ISBN: 978-85-352-1717-9
PÁGINAS: 216

Neste livro, o autor parte de sua própria experiência no aprendizado da língua portuguesa para desenvolver técnicas de memorização no aprendizado do inglês.

INGLÊS QUE NÃO FALHA

ISBN: 978-85-352-1346-1
PÁGINAS: 288

Este livro é uma ferramenta que auxilia o leitor a se expressar oralmente ou por escrito, usando as palavras certas no momento certo. A obra é projetada para ser usada durante anos, sempre que o usuário quiser achar uma expressão em inglês.

COMO DIZER TUDO EM INGLÊS

ISBN: 978-85-352-0686-9
PÁGINAS: 256

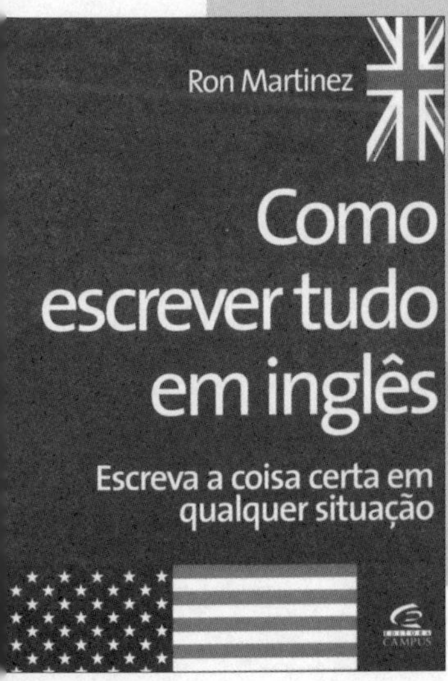

Este livro, que se baseia em uma ampla pesquisa sobre palavras e frases em inglês mais utilizadas em jornais, revistas, livros, e-mails, cartas e relatórios em inglês, guia o leitor a escrever em inglês usando apropriadamente as mesmas locuções que um nativo da língua usaria.

COMO ESCREVER TUDO EM INGLÊS

ISBN: 978-85-352-1006-4
PÁGINAS: 224

Este livro foi especialmente elaborado para as necessidades dos alunos brasileiros avançados, com palavras importantes mais familiares aos nativos do idioma. Ele é uma referência fundamental para desenvolver ativamente o idioma inglês.

COMO DIZER TUDO EM INGLÊS AVANÇADO

ISBN: 978-85-352-1247-1
PÁGINAS: 296

Este livro oferece material didático especialmente elaborado para preparar o candidato ao vestibular para a prova de língua estrangeira, e concentra-se em pontos fundamentais: compreensão e interpretação de textos, gramática e vocabulário.

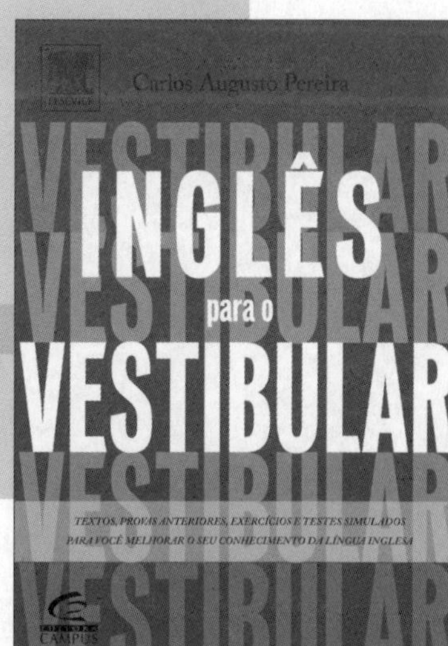

INGLÊS PARA O VESTIBULAR

ISBN: 978-85-352-1806-0
PÁGINAS: 328

Este livro é um manual para brasileiros que querem melhorar sua comunicação em inglês nos setores de hotelaria e turismo. Organizado por áreas e tópicos, apresenta o vocabulário e as expressões que você precisa para se comunicar de forma eficaz.

INGLÊS PARA TURISMO E HOTELARIA

ISBN: 978-85-352-2185-5
PÁGINAS: 216

Este livro, que se baseia numa uma ampla pesquisa sobre palavras e frases em inglês mais utilizadas em jornais, revistas, livros, e-mails, cartas e relatórios em inglês, guia o leitor a escrever em inglês usando apropriadamente as mesmas locuções que um nativo da língua usaria.

INGLÊS URGENTE! PARA BRASILEIROS

ISBN: 978-85-352-0501-5
PÁGINAS: 232

VOZES IMPRIMIU